Angela Francisca Endress

Wunderschön gedeckte Tische

für alle Gelegenheiten

Bassermann

Inhaltsverzeichnis

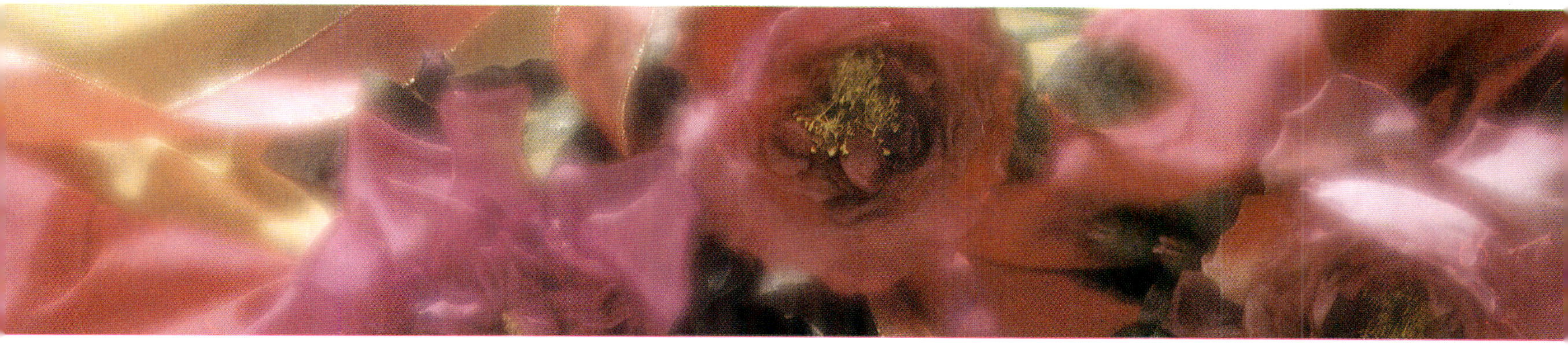

Stunde für Stunde – Highlights

Abenteuer Tische

Crash-Kurs Gastlichkeit

Anhang

Vorwort

Feste feiern, wie sie fallen! Alle wichtigen Ereignisse des Lebens ohne Wenn und Aber hochleben zu lassen und zu genießen – das ist in unserer schnellebigen Zeit schwierig geworden. Eine Feier jedweder Art bedeutet deshalb immer etwas besonders Wertvolles. Essen in Gesellschaft ist schon seit Menschengedenken eine willkommene Abwechslung im Alltag. Naturtalente in Sachen Feste legen los, aber nicht jeder vermag das Drum und Dran einer Feier aus dem Ärmel zu schütteln. Allen, die gerne die Rolle des Gastgebers übernehmen, habe ich dieses Buch gewidmet.

Das Wunderbare an einer Festivität ist, daß sie nicht gefeiert werden muß, sondern gefeiert werden kann. Es besteht keine Verpflichtung; wer ein Vergnügungsmuffel ist, darf seiner Leidenschaft frönen. Aber der, dem beispielsweise nur der Anlaß fehlt, um Freunde einzuladen, findet in diesem Buch ein reichhaltiges Angebot.

Der Gast hat fünf Sinne. Ein perfektes Menü schmeichelt dem Geschmackssinn. Die Stimmung des Raumes, das Ambiente, der leichte Duft des Blumenschmucks, durchwoben mit dem der Speisen, die Tafelmusik im Hintergrund, die sanfte Oberfläche von Damast betören die anderen. Kurz, die Speisen, die Getränke und das Drumherum verzaubern den Menschen, wenn sich alles zu einem harmonischen Ganzen zusammenfügt.

Die Festideen und Tischdekorationen eignen sich für das Feiern zu Hause. Picken Sie sich das heraus, was Ihnen spontan gefällt – lassen Sie das andere unberücksichtigt oder verwenden sie es zu einer anderen Gelegenheit. Orientieren Sie sich nur an einer Idee, und führen Sie sie in Ihrem Stil aus. Natürlich können Sie die Vorschläge auch komplett übernehmen – das liegt ganz allein bei Ihnen!

Um dem Schmuck auf der Tafel Raum zu schaffen, empfiehlt es sich, einen Beistelltisch in greifbare Nähe zu stellen. So ein zusätzlicher Tisch übernimmt nicht nur die Aufgabe, Schüsseln, Platten oder Terrinen Platz zu gewähren, sondern hat noch andere Vorteile: Weinkühler, Korkenzieher, Vorlegebestecke und Teller können dort bereitgestellt werden. Ist er groß genug, verwandeln ein Blumenstrauß und eine Obstschale das ganze Arrangement in ein lebendiges Stilleben. Eine andere Möglichkeit bietet sich mit dem sogenannten Service à la russe, das heißt die Speisen werden in der Küche auf den Tellern angerichtet.

Wer glaubt, die Organisation für eine Veranstaltung sei nicht zu bewältigen, orientiert sich im Kapitel Crash-Kurs Gastlichkeit, dort findet er hilfreiche Checklisten. Darüber hinaus kann man auch die entsprechenden Umgangsformen nachlesen. Profis im Festeausrichten schmökern im Kapitel „Von Augenschmaus und Tafelzier – kleine Geschichte der Tafelkultur" und lassen sich von den Vorfahren zu alten neuen Formen des gesellschaftlichen Zusammenseins inspirieren.

Sei es eine simple, alltägliche Mahlzeit, ein Essen im vertrauten Freundeskreis oder ein großes feierliches Bankett, bekanntlich ißt das Auge mit. Das harmonische Zusammenspiel von Speisen und Getränken, von Porzellan, Glas, Besteck und Tischwäsche sowie die mit Liebe und Aufmerksamkeit geschaffene Atmosphäre ist entscheidend – für die Entspannung und dafür, daß das Fest als etwas ganz Besonderes erlebt wird. Es ist der Gesamteindruck, der in Erinnerung bleibt, wenn der Abschiedskaffee getrunken wurde.

Ich wünsche Ihnen von der Festvorbereitung bis zum Kehraus bei jeder Festlichkeit viel Freude und Erfolg.

Angela Francisca Endress

Danksagung

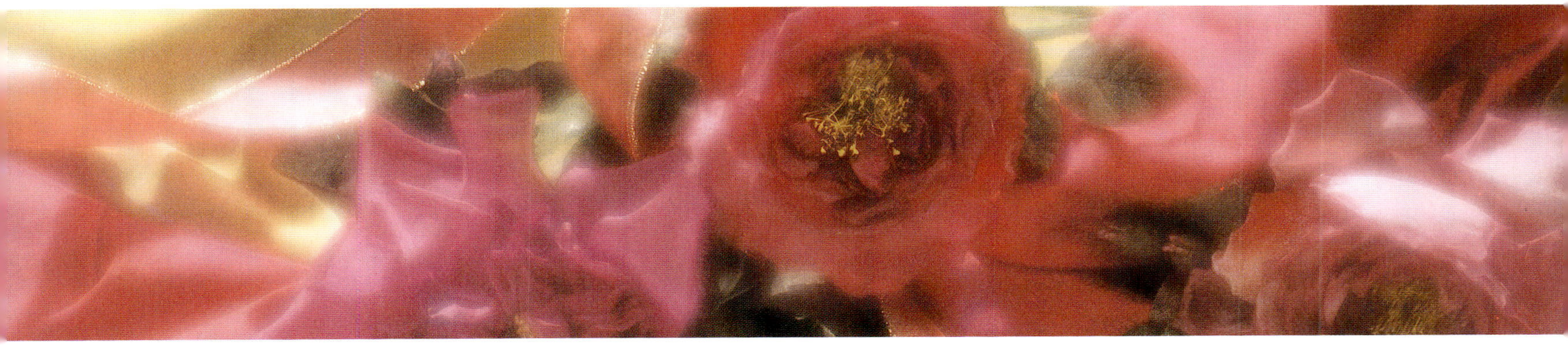

Ein dickes Dankeschön an den Fotografen Michael Tessmann, der meine Ideen und Konzepte ins richtige Licht gesetzt hat, und an Julia Drews, die die Requisite betreute und beim Fotografieren assistierte.

Vielen Dank an alle, die aus Freundschaft und Interesse zur Realisierung dieses Buches beigetragen haben: Cornelia Abrahamsberg, Idalina Avelino-Figueiredo, Maite Svea Berger, Antonia und Stefanie Bersch, Lisa Budde, Maja Endress, Uschi Fahnenbrock, Kathleen Gesell, Susanne und Wolfgang Grünleitner, Dorothy Hafner, Doña Alice Hartmann, Susie Henderson, Brigitte Henrici, Regine Herrmann-Gimeno, Dr. Karsten Ilsemann, Gerd Kittel, Angelika, Alexander, Elisabeth und Katharina Kranich, Sabine Kuhlmann, Robert Kusch, Lutz Meissner, Doris Raquet, Kathrin Reh-Tessmann, Gabriele Reitz, Prof. Bernd Rohrbach, Christine Rückert, Cordula Schill, Uli Strohmeier, Sayuri Tani, Sean Tribull, Marianne Vogdt, Antonia und Renate Weisz, Beate Weller, Angela Worm. Dank auch an Frau Dr. Rohs, Frau Hohmann und Herrn von Waldenburg vom Museum für Kunsthandwerk in Frankfurt am Main für ihre freundliche Unterstützung.

Von Augenschmaus und Tafelzier – kleine Geschichte der Tafelkultur

Der schön gedeckte Tisch – eine Erfindung unserer Zeit? Keineswegs! Nachdem der Mensch das Feuer und somit – im weiteren Sinne – die Tafelfreuden entdeckt hatte, entwickelte sich über die Jahrtausende eine je nach Land und Epoche unterschiedliche Tafelkultur, zu der Eß- und Trinksitten genauso gehören wie Tischmanieren oder -ordung.

Die Geschichte der Tafelkultur, der Eß- und Trinksitten ist alt. In grauer Vorzeit saßen unsere Vorfahren am Feuer, zerteilten die Beute mit einfachen Werkzeugen und aßen mit den Fingern – von Tischmanieren in unserem Sinne konnte aber noch keine Rede sein. Frühe Wandgemälde aus **Ägypten** und Abbildungen auf griechischen Vasen liefern erste gesicherte Erkenntnisse über die Tafelkultur. Die Keramikgefäße dienten den **Griechen** nicht nur als Gebrauchsgegenstände, sondern bereits auch als Zierde des Haushalts. Bei großen Essen lagerten die Gäste auf gepolsterten Speisesofas, vor denen jeweils ein niedriges, drei- oder vierbeiniges Tischchen plaziert war. Vor und nach den Mahlzeiten brachten Sklaven kleine, mit Wasser gefüllte Becken aus Metall, damit sich die Gäste darin die Hände reinigen konnten. In geflochtenen Körben wurde Brot gereicht. Fleisch und andere feste Nahrungsmittel aß man mit den Fingern, flüssige Speisen mit dem Löffel oder mit ausgehöhltem Brot. Aus zweihenkeligen Pokalen bot man den Göttern zum Abschluß der Mahlzeit ein Trankopfer dar. Tanzende Jünglinge, Flötenspielerinnen und Sänger sorgten für Augenschmaus und akustische Untermalung. Wohl wissend, daß dadurch das Essen eine zusätzliche Würze erhielt, denn die Küche war damals noch weit davon entfernt, raffiniert zu sein.

In den frühen Abendstunden gab es die Hauptmahlzeiten, die auch in den gehobenen Kreisen selten Fleisch enthielten, dafür aber um so mehr mit Wein angereichert wurden

Der Speisezettel der **Römer** war ähnlich bescheiden. Man ernährte sich hauptsächlich aus Feldfrüchten, wie Kohl, Zwiebeln und Hülsenfrüchten, zu festlichen Anlässen gab es auch Schweinefleisch. Erst als 188 v. Chr. das Heer aus Kleinasien vom erfolgreichen Kriegszug heimkehrte, änderte sich das ganz entscheidend, die Köche aus den eroberten Gebieten bereicherten die hiesigen Kochkünste enorm. Cäsar beispielsweise bevorzugte gebratene Haselmäuse, Straußeneier aus Abessinien und in Öl gebackene Flamingos. Pfauenfleisch war lange Zeit ein ausgesprochenes Prestigeessen, obwohl doch immer wieder zu hören war, daß das Fleisch eigentlich gar nicht so vortrefflich sei.

Wie für die Griechen war auch für die Römer das Liegesofa das wichtigste Möbelstück – nur das einfache Volk aß im Sitzen

Parallel zur Verfeinerung der kulinarischen Genüsse entwickelte sich auch die Tischkultur. Lukullus (117-57 v. Chr.), römischer General, Statthalter und berühmter Gastgeber, gab bei einem Gastmahl mehr Geld für Dekoration als für die Speisen und die Getränke aus. Er ließ den Festsaal mit seltenen Pflanzen, gebundenen Girlanden und Kränzen in ein Blumenmeer verwandeln. Essenzen und Öle sorgten für Wohlgerüche. Lukullus scheute keine Kosten, seine Gäste mit Heeren von Bediensteten, mit Tänzen und Schaustücken nachhaltig zu beeindrucken. Außerdem konnten die Gäste bei Spielen kostbare Geschenke gewinnen.

Von entsprechendem Wert waren die Tafelgeräte, die den Tisch schmückten und die den Gästen zeigten, wie reich und mächtig ihr Gastgeber war. Ganze Tafelservice aus Gold und Silber, einzelne Stücke aus Bergkristall, kostbare Gläser und getriebene Pokale wurden zu diesem Zweck erworben. Auch die Einrichtung der Festsäle war sehr prunkvoll, Tische und Sofas geschaffen aus edelsten Materialien wie Schildpatt, Zitrusholz und Elfenbein. Diese Schätze dienten gleichzeitig als Kapitalanlage und wurden bei Bedarf wieder „versilbert".

Die einfachen Leute hingegen besaßen nur Tongeschirr. Unverzierte Gläser waren allerdings in vielen Haushalten anzutreffen, denn neben den Kostbarkeiten gab es auch schon die einfache Gebrauchsware.

Der **Beginn des Mittelalters** bedeutete das vorläufige Ende der – für das heutige Verständis relativ gesitteten – Tafelkultur in Mitteleuropa. Noch im 8. Jahrhundert gab es an vielen Höfen weder Tischtuch noch Teller, ganz zu schweigen von Fingerschalen und Servietten. Lediglich Messer, Löffel und grobe Gabeln, mit denen das Fleisch beim Tranchieren festgehalten werden konnte, sowie Becher für Getränke waren bekannt. Selbst zu Zeiten Karls des Großen (747-814) wurden die zubereiteten Speisen noch in Vertiefungen des Tisches gelegt. Doch sind von ihm allerdings auch schon feinere Tafelsitten überliefert. So ließ er sich beim Essen beispielsweise gerne von Sängern, Tänzerinnen und Possenreißern unterhalten. Außerdem legte er bei seinen Festen Wert auf einen prunkvoll geschmückten Saal. Einige Tischsitten blieben von der Antike her erhalten, andere wurden von den Germanen übernommen. Jedoch prägte sich durch den strengen Sittenkodex der Kirche und der ritterlichen Höfe eine ganz eigene Form aus.

Karl der Große speiste nach würdevollem Zeremoniell. Während des Essens hörte er Musik, oder es wurde vorgelesen

Das Mittelalter scheint der Tischdekoration nicht besonders zugetan gewesen zu sein. In dieser Epoche allerdings formten sich die bekannten Tafelgeräte langsam aber stetig aus, auch Neues wurde entwickelt. Auf zeitgenössischen Gemälden oder Stichen des frühen Mittelalters sind auf den Tischen meist ausschließlich Eßgeräte zu erkennen, zuweilen sieht man Laub, Maiglöckchen oder Kräuter wie Lorbeer auf dem Boden liegen, die für ihren Wohlgeruch bekannt sind. Immer zu finden ist Brot, denn es diente als Unterlage für Speisen mit Soße und wurde zum Abschluß des Fleischganges verzehrt; Teller sind meist gar nicht zu sehen. Das Messer war das wichtigste Werkzeug, mit ihm konnte man zerkleinern, aufspießen und feste Speisen zum Mund führen. Der Löffel bestand anfangs aus Holz, das heißt aus einem Span, worauf wahrscheinlich das englische Wort „spoon" zurückgeht. Das Stilende erhielt später Verzierungen aus Silber. Einige Fürsten ließen sich Löffel aus Silber, aber auch aus Elfenbein, Perlmutt, Bergkristall oder Zinn anfertigen.
Einige Tischsitten aus der Antike wurden übernommen, wie zum Beispiel das Tranchieren von Braten und Geflügel. Jeder Ritter übte sich fleißig in dieser Kunst, denn so konnte er – zeigte er sich darin besonders geschickt – der Damenwelt imponieren.

Ab dem **11. Jahrhundert** besserten sich ganz allgemein die Tischsitten, nicht zuletzt deshalb, weil nun vereinzelt auch Damen bei Tisch zugelassen waren. Daß ein Gästepaar ein Gedeck gemeinsam benutzte war nicht außergewöhnlich, und oft brachten die Gäste ihr eigenes Besteck zum gemeinsamen Tafeln mit. Gegen Ende des Mittelalters wurden vor und nach dem Essen die Hände gewaschen, gegessen wurde aus einer Schüssel, wozu man in besseren Kreisen nur Daumen, Zeige- und Mittelfinger benutzte.

Trinksitten entwickelten sich im Mittelalter vielfältig, die das Sichberauschen in Gemeinschaft fast institutionalisierten. Die Sitte des Zutrinkens erfreute sich großer Beliebtheit; niemand durfte den Zutrunk verweigern. Unter den Kriegsleuten nahm das ein solches Ausmaß an, daß sich zum Beispiel Karl der Große gezwungen sah, diese Sitte zu verbieten. Findige Köpfe kamen deshalb auf die Idee, die Gesundheit der Heiligen zu trinken – denn das konnte niemand unterbinden – und ihre große Anzahl bürgte für einen immerwährenden Anlaß. Aber auch die Kirche kämpfte „wider den Saufteufel".

Diese umfassende Trinkfreudigkeit fand ihren Ausdruck in den kostbaren Materialien und in der Formenvielfalt der Trinkgefäße. Becher aus Glas kannte man übrigens seit der Römerzeit. Im Hochmittelalter wurden Gläser um so lieber benutzt, je größer und grotesker ihre Formen waren. Sie nahmen jetzt die Gestalt von Affen, Mönchen, Nonnen, Löwen, Bären und sogar vom Teufel an. Solche Kostbarkeiten und anderes wertvolles Tafelgerät waren der Stolz eines jeden Gastgebers. Prunkvoll wurden sie aufgereiht auf einer Art Schaubüfett mit Stufen, Tresur genannt. Die Anzahl der Stufen entsprach dem Rang des Besitzers. Ein Bürger durfte eine Stufe zeigen und dekorieren, ein Ritter zwei, ein Graf drei oder vier; dem Herzog standen fünf Stufen zur Verfügung. Die Tresur galt der Demonstration des Wohlstandes und der Macht. Aus diesem Grund wollte man natürlich auch auf Reisen oder bei Feldzügen nicht darauf verzichten, und so wurde oft der gesamte Tischrat mitgeführt.

Tischtücher benutzte man seit dem **15. Jahrhundert,** kunstvoll gefaltet reichten sie fast bis zum Boden. Anfangs legten sich die Gäste das überhängende Tischtuch auf die Knie und benutzten es zum Reinigen von Fingern und Mund. Später dienten diesem Zweck spezielle Mundtücher, die laut Etikette entweder über der Schulter oder über dem linken Arm zu liegen hatten. Die Servietten konnten auch parfümiert und vorgewärmt sein. Nach jedem Gang wechselte man sie aus.

Nur an der näher zur Wand hin gelegenen Tischseite nahmen die Herrschaften Platz, die andere Seite blieb offen, um die Speisen besser auftragen zu können. Zuweilen war reichlich Platz dafür vonnöten, denn im Spätmittelalter wuchs die Neigung zu umfangreichen Darbietungen während des viele Stunden dauernden Essens. Meister dieser Kunst war der Adel in Burgund. Es wird von einer Aufführung mit mehr als 800 Personen berichtet, die die Eroberung Jerusalems darstellten. Im Laufe der Zeit entwickelte sich zwischen den Gastgebern ein Wettkampf. Das verwendete Tafelgerät wurde immer kostbarer und prunkvoller. Jeder versuchte, mit mechanischen Spielereien seinen Gästen zu imponieren: Miniaturtriumphwagen und -schiffe mit mechanischen Figuren fuhren auf den Tafeln herum, Spielzeugbären führten Tänze auf, dicke Hanswürste aßen und tranken den Gästen etwas vor. Das ganze Spektakel wurde von Musikanten begleitet.

Die Gabel existierte in ihrer zweizinkigen Ausführung schon lange, zum Beispiel als Tranchiergabel, bei Tisch allerdings war sie lange Zeit verpönt. Die Abneigung der Kirche und die Einschätzung des Gerätes als exzentrische Modetorheit bei Hofe sorgten dafür, daß sich der Gebrauch der Gabel erst im 17. Jahrhundert in allen Schichten einbürgerte. Als einer der Gründe für ihre Durchsetzung wird die Mode der großen steifen Halskrausen genannt. Die Gabel verhinderte nämlich, daß man sich beim Essen beschmutzte. Gleichzeitig erhielt der Löffel einen längeren Stil, aller Wahrscheinlichkeit nach aus dem gleichen Grund.

Bis ins 14. Jahrhundert hinein blieben die Unterschiede zwischen den sozialen Schichten sehr groß und unüberwindlich. Durch die Entstehung des Bürgertums in den Städten und der Zünfte sowie durch die Unruhen und Veränderungen der darauffolgenden Jahrhunderte weichten die Konturen der verschiedenen Stände allmählich auf. Die Zünfte wuchsen zu den wichtigsten städtischen Organisationen heran und feierten ihre Feste mit großem Aufwand im eigenen Stil. Beispielsweise deckten sie seit dem **16. Jahrhundert** ihre Tafeln mit Zinngeschirr und hielten auch daran fest, als reiche Bürger bereits Steingut oder Porzellan verwendeten. Bei den Bauern gab es notgedrungen nur eine bescheidene Tischkultur. Lange waren Eßgeschirr und Besteck aus Holz, das Tischtuch oft mit einer gewebten oder gestickten Kante versehen. Es gab aber auch hier Bestrebungen, die Sitten und Gebräuche höherer Stände zu übernehmen.

Im 14./15. Jahrhundert begann der Aufstieg des Bürgertums, das sich jetzt eine luxuriösere Lebensführung leisten konnte

An den ritterlichen Höfen wurden Krönungen, Hochzeiten oder Geburtstage immer mehr zu willkommenen Anlässen, um gigantische Traumwelten zu inszenieren. Königin Maria von Ungarn (1505-1558) war bekannt für Feste riesigen Ausmaßes. Jeder Veranstaltung lag als Konzept eine romantische Geschichte zugrunde, die nach spektakulären Kämpfen mit bösen Mächten mit dem Sieg des Helden endete. Manche dieser Schauspiele dauerten mehrere Tage.

Während der **Renaissance** in Mitteleuropa (16. und 17. Jahrhundert) dienten die Feste nicht nur der Belustigung. Ähnlich wie das Zurschaustellen der angesammelten Tresurstücke, nutzte man diese Inszenierungen, um Macht und die Strukturen der angestrebten politischen Ordnung zu demonstrieren und in den Köpfen der Untergebenen zu festigen.

Groß in Mode waren nichteßbare Schaugerichte: Nachgebaute Festungen, Städte und Landschaften schmückten die Tafel

Den eindrucksvollsten und auch vor der Französischen Revolution letzten Höhepunkt dieser seit der Antike langsam fortschreitenden Entwicklung setzte Ludwig XIV. (1638-1715). (In diese Zeit fiel eine entscheidende Veränderung: die „Neu-Erfindung" des Porzellans. 1708 gelang es dem Naturwissenschaftler Graf von Tschirnhaus und seinem Gehilfen Johann Friedrich Böttger, das erste weiße Hartporzellan herzustellen, das für die Fürstenhöfe bislang aus China importiert werden mußte). Die festlichen Ereignisse des Sonnenkönigs hatten für die meisten Höfe, Adels- und Bürgerhäuser Vorbildfunktion. Er ließ Berichte darüber verfassen, die er dem Volk zugänglich machte. Am Hofe von Versailles gab es die pompösesten Konstruktionen, die trotz ihrer Größe als Tischkonstruktionen zu bezeichnen sind, wenn nicht gar als Prototyp des gedeckten Tisches überhaupt. Spezielle Architekten entwarfen meterhohe Aufbauten, die an den Wänden des Festsaales oder innerhalb der Tafelrunde emporwuchsen und mit immer neuem Gepränge die Gäste in Staunen versetzten. Zu den tatsächlich verwendeten Tafelgeräten, wie Suppenterrinen oder Salzbehältnisse, wurden Gegenstände entworfen, die einzig und allein zur Dekoration dienten. Alle künstlerischen Disziplinen waren hierbei gefordert.

Die Gesellschaft sehnte sich nach Möglichkeiten, dem strengen Zeremoniell der Höfe zu entfliehen. Man gestaltete beispielsweise viele Quadratmeter große Tischlandschaften mit Felsen, Burgen, Wasserläufen und Fontänen, die die entsprechende Kulisse für die Kunstwerke aus Zucker, Butter, Rüben usw. bildeten. Die Tafel bei sogenannten Schauessen war mit Tischtüchern, gefalteten Servietten, kostbarem Besteck, aufeinander abgestimmten und reich verzierten Tafelgeschirren sowie Aufsätzen aus Silber aufwendig gedeckt. Die Gerichte selbst wurden auf großen Platten, üppig garniert, aufgetragen. Die Menüs enthielten bis zu hundert verschiedene Gerichte, und trotz Rechauds und Speiseglocken gelang es deshalb nicht, alle Gäste mit heißem Essen zu versorgen.

Zu den festlichen Anlässen zierte üppiger Blumenschmuck alle Räume

In Paris richtete man aus diesem Grund gegen **Ende des 18. Jahrhunderts** den „Service à la russe" ein, bei uns heute bezeichnet mit Tellerservice, bei dem die Speisen mit fertig geschnittenem Fleisch und angarnierten Beilagen serviert werden. Dadurch ergab sich auf der Tafel zusätzlich Platz, der für Dekoration genutzt werden konnte. In der Mitte stand eine monumentale Blumenvase, symmetrisch eingerahmt von Konfektetageren, kleineren Vasen, Kerzenleuchtern und Skulpturen. Da jetzt ein Gericht nach dem anderen serviert wurde, gab es eine bestimmte Abfolge der kulinarischen Köstlichkeiten. So fing man an, die Speisenfolge aufzuschreiben und den Gästen zu präsentieren – die Menükarte war erfunden.

Die Zeit des Biedermeiers ist durch den Rückzug in Haus und Stube gekennzeichnet. Der runde Tisch wurde eingeführt, der den Mittelpunkt des Salons bildete

Im weiteren Verlauf des **19. Jahrhunderts** wichen die „Vasendenkmäler" großen Blumenbouquets und Arrangements in flachen Schalen. Zur gleichen Zeit kamen Wintergärten und Gewächshäuser in große Mode. Exotische Pflanzen aus fernen Ländern wurden zusammengetragen und auf der Tafel präsentiert. Monumentale Skulpturen auf hohen Sockeln mit Jagdmotiven oder allegorischen Szenen des politischen Lebens sowie riesige Kandelaber zierten zur Zeit von Neuschwanstein die großen Festtafeln.

Nachdem die Tischkultur dieser Epoche ihren Höhepunkt erreicht hatte, setzte eine Art Rezession ein: Das Essen wird weniger üppig, und die Tischdekoration besteht im **Biedermeier** und **Jugendstil** nur noch maximal aus einem Blumenbouquet, vielleicht einem Leuchter und einer Menagère mit Essig, Öl, Salz und Pfeffer. Die Tradition, den Tisch reich zu dekorieren, die sich in Europa im Laufe der Jahrhunderte entwickelt hatte, verschwand allmählich, und mehr und mehr wurde der Gesamteindruck und der Zusammenklang von Raum und Tafeldekoration unwichtig. Vielmehr lenkte man nun die Aufmerksamkeit auf die Gebrauchsgegenstände und deren Funktionalität.

Für das Tafelgerät, sei es Glas, Geschirr oder Besteck, verwendete man seiner Funktion, Form und Herstellung entsprechende Materialien. Der Blickwinkel richtete sich mehr auf die Form der Gegenstände und wendete sich von der Gesamtkomposition des gedeckten Tisches ab. Es kristallisierte sich nach dem **Ersten** und vor allem nach dem **Zweiten Weltkrieg** eine neue Sachlichkeit heraus. Bei bestimmten Gesellschaftsgruppen gab es aber auch noch die traditionelle Art des Tischdeckens mit aufwendigen Dekorationen.

Zuerst verhalten, in den letzten Jahren aber recht rasant, regte sich immer größeres Interesse, die Tafel wieder als Dekorationsfläche zu nutzen. Immer mehr Menschen haben Spaß daran, in den eigenen vier Wänden ein kleines Versailles zu inszenieren. Jeder kann heute seinen Tisch gestalten, wie es ihm gefällt – das Angebot an Materialien war niemals größer. Der Phantasie sind keine Grenzen gesetzt. In Gemeinschaft ein gutes Essen an einer harmonisch gedeckten Tafel zu genießen, läßt für Stunden, die Hektik des Alltags vergessen.

Nicht jeden Tag kann der Tisch festlich gedeckt werden, doch schon mit wenigen Mitteln und der Beachtung einiger Regeln läßt sich eine besondere Atmosphäre herstellen

Tischvergnügen rund ums Jahr

Auf ein Neues

Die Nacht war turbulent, fröhlich und voll guter Wünsche für die Zukunft. Warum nicht gleich den Vorsatz in die Tat umsetzen, das neue Jahr mit Energie und Optimismus beginnen?

Schütteln Sie den Rest vom Silvesterkater einfach ab, und laden Sie Freunde und Bekannte zum festlichen, aber deftigen Neujahrsfrühstück ein. Der Tisch ist mit einem aus Ilexzweigen gebogenen Hufeisen dekoriert, dessen Blätter einen ähnlichen Glanz aufweisen wie die Damastdecke und die passenden Servietten. Kleine gebackene Hufeisen und Brezeln sind Glücksbringer, die man als Knabbergebäck gleich verspeisen kann. Zum Neujahrsbrunch gibt es kräftige Suppen, heiße Würstchen, Fischsalat, Käse, knusprige Brötchen und verschiedene Brotsorten. Als Muntermacher werden neben Kaffee und Tee auch Vitaminsäfte, Mineralwasser und ein herzhafter Schluck Bier serviert. So ein Frühstück kann sich bis zum Nachmittag hinziehen. Dann sollte man an einem weiteren Vorsatz festhalten, nämlich nicht immer nur den Stubenhokker zu spielen: Alle Gäste versammeln sich zum Neujahrsspaziergang.

Maske in der Hauptrolle

Jeder soll sich verkleiden, so schön und ausgefallen wie möglich, und als sei man einem berühmten Film oder Theaterstück entstiegen. Eine Maske zu tragen ist obligat, erst um Mitternacht dürfen sich die Gäste in die Augen schauen. Die meisten wurden wahrscheinlich schon beim Tanzen, Plaudern oder am Büfett entlarvt. Wer seine Rolle am längsten unerkannt spielt, gewinnt einen Preis. Das kann ein Arm voller Rosen sein, eine Flasche Jahrgangschampagner oder eine Karte für eine Bühnenpremiere.

Und auch der Tisch spielt eine Hauptrolle. Als Vorbild für den opulenten Aufbau dient hier die barocke Tafel aus dem Film „Casanova". Samt und Seide, Prunk und Pomp bestimmen das Bild. In Bergen von Seidenrosen sind venezianische Masken versteckt. Dicke Posamenten und Kordeln raffen die Stoffe. Ein prunkvoller Kerzenleuchter wirft sein Licht auf unzählige Gläser, die auf alten Spiegeln stehen. Ist das filmreife Arrangement von allen Seiten zugänglich, wird dieser Tisch zum gesellschaftlichen Mittelpunkt. Dort stärkt man sich, knüpft vielleicht ein zartes Band und stürzt sich wieder ins heitere Gewühl.

Maskenball auf die feine Art!
Schon in der Einladung
wird an die Phantasie und Spielfreude der Gäste appelliert

Nach den tollen Tagen

Der Fasching ist vorbei,
der Ernst des Lebens hat uns wieder.
Ob feines Großstadtrestaurant oder einfache Dorfwirtschaft – am Aschermittwoch wird überall zum traditionellen Fischessen geladen

Auch privat ist dieser erste Tag nach der tollen Zeit ein willkommener Anlaß, Freunde zu Lachs, Hecht, Steinbutt, Matjeshering oder Fischsuppe zu bitten. Denn nach dem Aschermittwoch ist es eigentlich vorbei mit Tafelgenüssen. Nun beginnt die Fastenzeit, auch wenn sich heute nur noch wenige daran halten.

Die Tischdekoration ist Neptuns Reich nachempfunden. Ausgeschnittene und bemalte Pappfische schwimmen in einem Meer von Tüll. Eine türkisblaue Lage Tüllstoff versieht man mit etwas längeren Einschnitten. Diese Lage legt man über eine zweite, türkisgrüne Bahn. Der untere Tüll wird nun durch die Schlitze leicht hindurchgezogen. Als Unterlage dient eine weiße Damasttischdecke. Glasmurmeln in Wasserfarben symbolisieren Luftblasen und verstärken den Unterwassereffekt. Meergrün ist auch der Rand des Services, schön griffig das moderne Fischbesteck. Dazu passen die grünblau marmorierten Servietten, die wie handgemalt aussehen.

MENU
MENU
WILKENS
WILKENS

***Am 14. Februar, dem Valentinstag,
schenkt man Menschen, die einem etwas bedeuten,
einen Blumenstrauß oder etwas Süßes.
Eine Aufmerksamkeit, die signalisiert:
ich denke an dich, ich mag dich, ich vermisse dich oft***

Er liebt mich

Dieser Brauch soll aus der Römerzeit stammen: An diesem Tag konnten junge Männer ein Los ziehen, auf dem der Name eines Mädchens stand, mit dem sie das ausschweifende Frühlingsfest feiern durften. Eine andere Überlieferung besagt, daß sich die Vögel am 14. Februar ihr Gespons zum Nestbau suchen. Auf alle Fälle ist dieser Februartermin ein Tag der Liebe und der Freundschaft geblieben. Romantischer Anlaß also für ein „Diner à deux" oder ein stimmungsvolles Essen mit guten Freunden.

Schon die Einladungskarten sind mit Rosen und Herzen geschmückt. Zu dem Abend sollte jeder etwas beitragen, zum Beispiel alte, wieder ausgegrabene Liebesorakel oder sehnsuchtsvolle Gedichte.

Rot wie die Liebe leuchtet auch der Tisch, der mit dicken Lagen von Seidenpapier eingedeckt ist. Lampionblumen stecken über den vielen Birnchen einer Lichterkette und sorgen für romantische Beleuchtung. Außer dem weißen Service ist alles andere ebenfalls in Rot gehalten: Schachteln in Herzform, Bänder, Servietten, die handgeschriebenen Menükarten und die Platzteller aus gelacktem Papier.

Begrüßen Sie den Frühling nach altem Brauch: mit bunten Bändern, zarten Zweigen und einer Einladung zu einem „grünen“ Menü

Frühling läßt sein blaues Band

Früher zogen die Kinder zum Frühlingsanfang durch die Straßen, ließen Bänder an Stangen flattern und hängten Äpfel, gefärbte Eier und Blumen daran. Auf diese Weise wollte man den Winter austreiben.

Schon bei der Einladung „scheint“ die langersehnte Sonne: Mit bunten Bändern werden die Karten versehen, die in gelben Umschlägen stecken. Das Ganze kann man auch mit einem Tropfen Eau de Toilette parfümieren. Für die Tischdekoration werden Weidenzweige mit blauen, grünen und gelben Bändern umschlungen. Alles zusammen ergibt eine heitere Girlande. Auch die gerollten Servietten sind mit einer schwungvoll gebundenen Schleife geschmückt. In grünblauen Kelchen serviert man vor dem Essen einen Schluck Pro Secco oder Sekt. Das Menü ist frühlingsfrisch und ganz leicht: zum Beispiel Sauerampfersuppe, Löwenzahnsalat, Tafelspitz mit grüner Sauce und als Dessert Blancmanger mit Kiwisauce.

Die Küken sind los

Alles in der Natur ist jetzt zartbunt und jung; nie grünt und blüht es so schön wie zur Osterzeit

Man glaubt, die flaumigen Watteküken auf dem Osterfrühstückstisch piepsen zu hören. Mit ihren kleinen Flügeln sehen sie wie echte Osterküken aus. Von allen Seiten schlüpfen sie aus dem Schachtelhalmkäfig und wetteifern als helle Farbtupfer mit den Osterglockenblüten. Natürlich gefärbte Eier (mit Blauholz und Zwiebelschalen) in verschiedenen Blau- und Brauntönen bilden einen schönen Kontrast. Der ganze Tisch ist mit Moos belegt. Man kann aber auch nur die Tischmitte auslegen, Tassen und Teller stehen dann sicherer. Die weiße Damastdecke darunter wird mit Folie abgedeckt.

Mamma mia, welch ein Tag!

Sonst steht ja immer die Familie im Mittelpunkt. Doch an diesem Tag dreht sich alles um die Mutter

Schon beim Frühstück fliegen ihr am Muttertag alle Herzen zu. Die Kinder haben für sie aus glänzendem und mattem, rotem und gelbem Geschenkpapier viele Herzen ausgeschnitten und liebevoll auf dem Tisch arrangiert. Den Ehrenplatz ziert eine herzförmige Schachtel, die mit grünen Papierblättern beklebt und mit vielen Herzen gefüllt ist. Vielleicht versteckt der Vater ja ein kleines Schmuckstück darin. Die Leuchter für die Puppenkerzen sind ebenfalls selbstgebastelt: Sie wurden aus Knetmasse geformt und im Backofen gebrannt. Kleine Liebesbriefe an Mutti dürfen nicht fehlen, natürlich in Herzform. Sicherlich wird „das beste Stück" der Familie bei diesem herzlichen Anblick gerührt sein.

An Pfingsten, dem 50. Tag nach Ostern, feiern die Christen die Herabsendung des Heiligen Geistes und die Gründung der Kirche

Geistvoll feiern

Der Frühling hat nun endgültig überall Einzug gehalten, die Sonne lockt ins Freie. So gibt es in vielen Gegenden allerlei Bräuche, die von jung und alt gepflegt werden. Prozessionen, bunte Jahrmärkte und Pfingstritte ziehen Besucher von überall her an. Ein mehrgängiger Pfingstschmaus darf an diesem Tag natürlich nicht fehlen: Ein schönes Essen mit Gästen, die sich gut unterhalten, ist das richtige für diesen fröhlichen Anlaß.

Harmonisch ist auch die Gestaltung des Tisches. Überraschend edel wirkt schlichtes Drahtgeflecht, das leicht gebogen in der Mitte der Tafel liegt – ein „silbernes Beet" für den bunten Blumenschmuck. Die Blüten stecken in wassergefüllten Blumenröhrchen. Dafür eignen sich Primeln, Traubenhyazinthen, Maßliebchen und Anemonen.

Asparagus ergänzt mit zartem Grün die anmutige Komposition. Die Blütengirlande des Tafelgeschirrs scheint ein Abbild dieser Dekoration zu sein.

Am 21. Juni, dem längsten Tag des Jahres,
steht die Sonne am höchsten.
Die Nacht ist kurz,
die Sonne verdrängt die Schatten der Finsternis

Fackeln, Kerzen und ein Blütenmeer – romantischer kann die Sonnenwende nicht gefeiert werden. Über 300 Rosen duften in der Mitte des Gartentisches. Dazwischen verbergen sich die Birnchen einer Lichterkette. In dem kleinen Aquarium schwimmen wohlriechende Blütenköpfchen, begleitet von Kerzen in Form erblühender Knospen. Fackeln illuminieren den Garten.

Brauchtum und Legenden verbinden sich mit diesem Tag der Sommersonnenwende. Kräutern wie Kamille, Johanniskraut, Thymian und Beifuß, die gesammelt und getrocknet wurden, sprach man Zauberkräfte zu. An vielen Orten lodern Sonnenwendfeuer, und von den Bergen rollen brennende Sonnenräder. Von magischer Schönheit sind Sträuße aus Rosen, Rittersporn, Kornblumen, Lilien, Klatschmohn, Eichenlaub und Farnkraut, kombiniert mit Bärlapp, Beifuß und Johanniskraut. An so einem Strauß hat man – wenn man ihn trocknet – das ganze Jahr Freude.

Die Nacht der tausend Feuer

Reiche Ernte auf dem Tisch

Wer jetzt über einen Markt schlendert, macht reiche Ernte und findet alles, um zu einem stimmungsvollen Essen mit viel Gemüse und Obst einzuladen.

Die Tischdekoration erinnert an goldgelbe, wogende Felder und an Bäume, prallvoll mit leuchtenden Früchten. Bei einem sonnigen Spaziergang sammelt man von abgeernteten Feldern am Rand stehengebliebene Ähren, bündelt sie zu Sträußen und formt aus ihnen in der Tischmitte ein weiches Bett. Wie in einer Obstschale werden darin nun alle Früchte der Saison dargeboten: Zwetschgen, Pflaumen, Äpfel, Birnen, Reineclauden und Quitten, die einen besonders aromatischen Duft verströmen. Mit frischen grünen Blättern und einem breitgeschlungenen Band sieht das Früchtestilleben aus wie gemalt. Die derbe Tischdecke aus Nessel mit dem passenden Servietten unterstreicht den ländlichen Eindruck. Die Blütenranken im Service wiederholen die Farben der Früchte. Die schönen Pokale warten auf leuchtenden Rotwein und perlenden Cidre.

Der Spätsommer ist die üppigste Zeit des Jahres – die Natur gibt in Hülle und Fülle

Auch wenn das ganze Jahr mehr von Streß als Muße begleitet wird, zu Weihnachten nimmt man sich Zeit für Familie und Freunde. Man lädt sich gegenseitig ein, speist und erzählt sich alte und neue Geschichten

Einladung zum Sterne-Menü

So schön wie die Feste sind auch die Vorbereitungen. Bei einem feinen Menü schaffen die klassischen Weihnachtsfarben Rot und Grün ein stimmungsvolles Ambiente. Der Tisch ist großzügig mit grünem Kreppapier bedeckt, da darf ruhig gekleckert und gekrümelt werden. Sternchenflitter macht die Papierdecke festlich, und die Dekoration in der Mitte ist so einfach wie bestechend: Große und kleine Christbaumkugeln werden hübsch arrangiert. Damit die ganze Pracht nicht ins Rollen kommt, fixiert man sie mit Kerzenkleber. Die Kerzen bekommen Halt durch Papiersterne, die mit grüner Metallfolie beklebt wurden. Rote Stoffservietten bilden einen schönen Kontrast zur Kreppdecke. Edle Nostalgie vermittelt das Weihnachtsservice: Auf dunklem Platzteller erstrahlt das Porzellan in hellem Weiß mit einem Christbaummotiv. Es freut die Kinder und erinnert die Erwachsenen an die Weihnachtsfeste ihrer Kindheit. Schön geformtes Besteck und schlanke Weinkelche runden das Bild ab.

Nacht der Enthüllungen

Die letzte Nacht im alten Jahr dauert nur noch wenige Stunden. Wieder liegen 365 Tage vor uns

Ein bißchen möchte da jeder am Silvesterabend den Vorhang zur Schicksalsbühne heben und in die Zukunft schauen.

Als geheimnisvolle Tischdekoration werden Tarotkarten mit symbolhaften Bildern gewählt, die verdeckt aufliegen. Auf der dunkelblauen Taftdecke glitzern Straßsteinchen wie winzige Kristallkugeln der Wahrsagerinnen. Die blauen Platzteller und das Dekor des Geschirrs korrespondieren mit den Farben der Karten. Nach dem Diner nimmt jeder der geladenen Gäste eine Karte auf und deutet anhand der Tarotbücher seine Zukunft. Vielleicht decken sich ja die persönlichen Wünsche und Ahnungen mit den Karten, die Hinweise auf Liebe, Glück und Geld im neuen Jahr geben. Wer seinem Schicksal nicht vorgreifen möchte, freut sich dafür an den bunten Knallbonbons, die auf ihren effektvollen Auftritt warten. Ihre kleinen Spruchzettel sind wahre Glücksboten, die einem immer das Blaue vom Himmel versprechen!

Die Welt

Tischideen aus anderen Ländern

Das Essen wird von den Japanern als eine Kunst zelebriert, ohne die bei uns übliche Hast. Eine Eßkultur, die aus traditionellen Ritualen besteht

Den Speisen wird Verehrung entgegengebracht, ihre Zubereitung und Präsentation ist untrennbar mit den Jahreszeiten der Natur verbunden: Die Zusammenstellung der Speisen und die Rezepte richten sich nach der Saison. Blumen und Früchte als Tischdekoration sind darauf abgestimmt, ebenso wie Schüsseln, Schalen und Becher. Im Sommer vermitteln flache, offene Formen – oft aus Glas – das Gefühl von kühler Frische. Im Winter sind es geschlossene Keramikformen, die die Wärme der Speisen länger speichern.

Harmonie auf japanisch

Auf dem Foto ist der Tisch in den Farben des Herbstes gedeckt. Oberflächen und Materialien sind harmonisch aufeinander abgestimmt: Matt, rauh oder hochglänzend wechselt leuchtendes Rot und Blau mit sanftem Grün und Grau. In Japan allerdings legt man die Stäbchen nicht seitlich wie bei uns, sondern quer oberhalb des Tellers.

Den Chinesen verdanken wir die Erfindung des Porzellans und eine bis in alle Feinheiten ausgeklügelte Küche. Profitieren Sie davon!

Chinesisches Diner

Als Einladung verschicken Sie Menükarten aus dickem rotem Papier, die auf chinesisch zur Dinerparty bitten. Ähnliche Karten dienen auch als Tischdekoration, stilecht kombiniert mit Bambusgras. Die Tafel wird mit großen und kleinen Schalen gedeckt, denn es gibt Dim Sum – gedämpfte Teigtaschen – und andere Köstlichkeiten von mild bis scharf, von salzig bis süß und meist ungemein knusprig. Eßstäbchen dürfen nicht fehlen, mit denen die Häppchen aus Schüsseln und Bambuskörbchen gefischt werden, die in der Mitte auf einer drehbaren Marmorplatte präsentiert werden.
Sind die Gäste vollzählig, wird zu Tisch gebeten. Schälchen mit Reiswein sorgen für Stimmung, wenn es um das Spiel Kan-Pei geht. Ein Fingerspiel, bei dem gleichzeitig zwei Spieler je eine beliebige Anzahl Finger hochstreckt. Beide rufen dann sofort laut die von ihnen geschätzte Gesamtzahl der gezeigten Finger. Der Verlierer muß zur Strafe ein Gläschen Reiswein auf das Wohl des Siegers leeren.

Dänisches Damenfrühstück

Nachdem man die ganze Woche nur für seine Lieben da war, gönnt sich Dänemarks Damenwelt am Samstagmorgen gern ein gemütliches ausgedehntes Frühstück unter Freundinnen – Klatsch inklusive

Blickfang der Tafel ist der anmutige Sommerblumenstrauß aus Rittersporn, betäubend-duftenden Lilien und Ranken wilden Weins. Dazu passen das Tischtuch und die Servietten in fröhlichen Küchenstreifen. Gleich wird der Kaffee aufgebrüht, doch vorher gibt's einen eiskalten Aquavit, der zum Plaudern anregt. Die Speisen beim dänischen Damenfrühstück sind handfest: Fisch in allen Variationen, Schinken, Wurst, Käse, eingelegtes Gemüse, Brot, Blätterteiggebäck, selbstgebackene Kuchen und köstliche Marmeladen. Fällt das Kränzchen auf einen Frühlingsmorgen, besorgt man sich zwei Wochen vorher einen Arm voll Obstbaumzweige, dann hat man für die Tafel ein Meer aus hellgrünen Blättern. In der Weihnachtszeit schmückt ein Strauß Ilex mit roten Beeren den Tisch, kombiniert mit roter Decke und grünen Servietten. Statt Kuchen werden dann duftende Bratäpfel serviert.

Amerika bedankt sich bei der Natur

Bei uns wird das Erntedankfest vor allem in ländlichen Gegenden gefeiert, wo der Bezug des Menschen zur Natur noch am ursprünglichsten ist

In den USA ist „Thanksgiving" landauf, landab einer der höchsten Festtage des Jahres, der am vierten Donnerstag im November begangen wird. Mit dem Thanksgiving Day wollen die Menschen der Natur für ihre Gaben danken. Gleichzeitig hofft man natürlich, daß die Ernte im nächsten Jahr ähnlich reichhaltig ausfallen wird. Dieser Tag ist seit 1863 amerikanischer Nationalfeiertag, der auf ein historisches Ereignis im Jahr 1621 zurückgeht, als weiße Siedler mit Indianern eine Art Erntedankfest feierten. Es ist allerdings nicht überliefert, ob es damals auch schon einen gebratenen Truthahn gab, der heute Mittelpunkt jedes Thanksgiving ist.

Im Gegensatz zum trüben Novemberwetter decken Sie den Tisch in sonnigen Farben, drapieren auf dem gelben Tischtuch Kürbisse, Maiskolben und Herbstlaub. Sind die Blätter schön trocken, können Sie diese auch als Tischkärtchen verwenden, indem Sie sie mit einem Folienschreiber beschriften.

Zum Puter gibt es traditionell Kastanienpüree, gebackene Süßkartoffeln, Cranberry-Sauce und zuvor vielleicht eine Kürbissuppe. Ideal dazu paßt die Farbe des Services – eine Hommage an den Herbst und seine späten Genüsse.

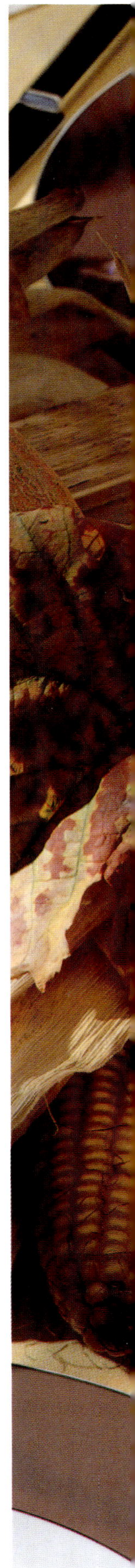

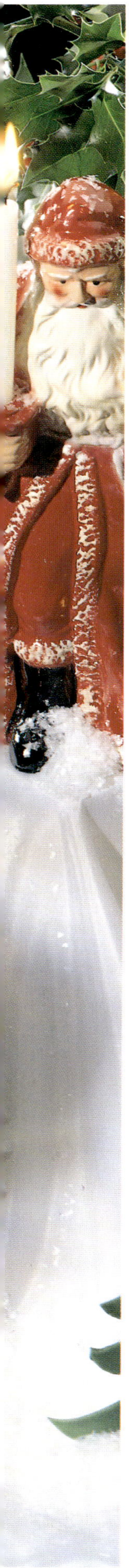

Weihnachten american style

Die Xmas-Party im amerikanischen Stil beginnt am späten Vormittag und dauert den ganzen Tag, unterbrochen von einer Schneeballschlacht oder Schlittenfahrt.
Unter dem Christbaum ist ein Büfett in den Farben Weiß, Rot und Grün aufgebaut. Als Podest in der Mitte dienen dicke Lexika. Ilexzweige, Papierbäumchen und künstlicher Schnee erinnern an eine Winterlandschaft. Kleine Lichterketten funkeln auf dem weißen Satintuch und illuminieren Santa Claus, der sich nach getanem Werk endlich ausruhen darf.

Serviert wird Süßes und Salziges: Plätzchen, Stollen, Salate, heiße Würstchen, kalter Braten – alles Sachen, die ohne hektischen Küchenstreß vorbereitet werden können. Zu Kaffee, Tee und Säften gibt es auch ein Glas Champagner oder vielleicht Kostproben vom hausgemachten Orangenlikör. Man sitzt gemütlich zusammen, plaudert, bewundert die Geschenke, und wenn die Dämmerung hereinbricht, werden am Baum alle Kerzen angezündet.

Heiligabend gehört bei uns der Familie, der erste Feiertag allen Freunden und Bekannten. Feiern Sie Weihnachten doch einmal fröhlich und locker, ohne die übliche schwere Gans zu Mittag

Nicht jeder feiert Weihnachten im Kreise der Familie, aber keiner ist an diesem Abend gern allein

Ein schöner Anlaß, Freunde zur gesellig-besinnlichen Dekorationsparty einzuladen, um gemeinsam den Weihnachtsbaum zu schmücken, wie es in vielen Gegenden Englands Brauch ist. Jeder Gast bringt ein kleines Geschenk mit. Ganz gleich, ob gekauft oder selbstgebastelt, Hauptsache, die Mitbringsel sind dekorativ und nicht zu groß, damit sie an den Baum gehängt werden können.

Englische Weihnachtsparty

Edles Blau dominiert die Tafel: Die Tischdecke, die Kerzen und das blau-goldene Paisleydekor des Geschirrs sorgen für ein stimmungsvolles Bild. Die bunt verpackten Geschenke legt man in die Mitte. Sie harmonieren mit den Fichtenzweigen und den rotbackigen Äpfeln. An jedem Platz steht ein Väschen mit einer duftenden Rose. Nach der Vorspeise werden die Überraschungen ausgepackt. Nun darf jeder raten, wer welches Geschenk mitgebracht hat. Anschließend schmücken alle den Baum. Die Gastgeber können sich ihrerseits mit kleinen Preisen für die schönsten Mitbringsel bedanken.

König in Frankreich für einen Tag

***A**us Frankreich kommt der charmante Brauch, jemanden für einen Tag zur Königin oder zum König zu machen. Die gekrönte Person wird symbolisch auf Händen getragen, das heißt, man wird ein bißchen verwöhnt*

In Frankreich gibt es am 6. Januar in Confiserien und Patisserien sogenannte Galettes zu kaufen. Das ist mit Goldkrönchen verziertes Blätterteiggebäck. Wer Glück hat, findet in seinem Stück Gebäck ein Figürchen und wird gekrönt.

So ein „königlicher Auftritt" ist auch bei uns eine hübsche Abwechslung zum üblichen Nachmittagskaffee. Man kann statt Blätterteigstückchen auch einen Kuchen oder einen Hefekranz backen und darin eine Bohne verstecken.

Der Tisch ist entsprechend festlich gedeckt. Auf einer goldfarbenen Decke stehen viele Kerzen in kleinen Kronen. „Edelsteine" sind großzügig verstreut, und eine güldene Pappkrone wartet auf das zu krönende Haupt.

Feste des Lebens

Jedes abgeschlossene Jahrzehnt im Leben macht den Geburtstag zu einem besonderen Tag

Der runde Geburtstag – ein besonderes Wiegenfest

Viele Stationen im Leben tauchen wieder aus der Erinnerung auf, wenn man sich Fotos betrachtet. Denn statt einer festlichen Dekoration wird dem Geburtstagskind eine Collage aus Fotos präsentiert. Von niedlichen Babybildern bis zum Erinnerungsfoto vom letzten Sommerurlaub werden Schnappschüsse, Porträts, verwackelte Aufnahmen und gestochen scharfe Familienbilder des Jubilars chronologisch auf dem Tisch ausgelegt und mit einer Glasplatte oder einer festen Klarsichtfolie geschützt. Kleine Tortenkerzen, die auf Glassteinchen geklebt wurden, bilden die runde Geburtstagszahl. Das Geburtstagskind muß die Kerzchen – hier sind es 40 – auf einmal auspusten: Das bringt mindestens Glück für die nächsten zehn Jahre. Geschirr und Speisen werden am Tischrand aufgebaut, damit die illustrierte Lebensgeschichte auch immer im Blick ist.

In manchen Ländern, so zum Beispiel in Frankreich, wird man zum Namenstag sogar mehr beglückwünscht und beschenkt als zum Wiegenfest. Laden Sie eine gute Freundin oder einen Freund an ihrem bzw. seinem Namenstag zu einem schönen Essen ein.

Dem Namen zu Ehren

Kleiner Aufwand, große Wirkung, denn die Tischdekoration ist so einfach wie persönlich. Mit dikkem goldfarbenem Filzschreiber wird der Name schwungvoll mal groß, mal klein auf ein Nesseltuch geschrieben. Man kann die Tischdecke auch vom Jubilar selbst wie eine riesige Autogrammkarte beschriften lassen. Oder man bittet die Gäste beim Eintreffen, den Vornamen des Ehrengastes auf das Tuch zu schreiben. Während der Aperitif oder ein Cocktail im Stehen genommen wird, ist der Tisch dann schnell und doch dekorativ gedeckt. Getrocknete Rosenblätter, die noch leichten Duft verströmen, und kleine Posamenten als Serviettenringe umrahmen das weiße Geschirr. Der Goldstreifen des Porzellans harmoniert mit den Namenszügen auf der Decke. Ein wahrhaft festlicher Anblick!

Nicht nur der Geburtstag – auch der Namenstag ist ein schöner Anlaß zum Feiern

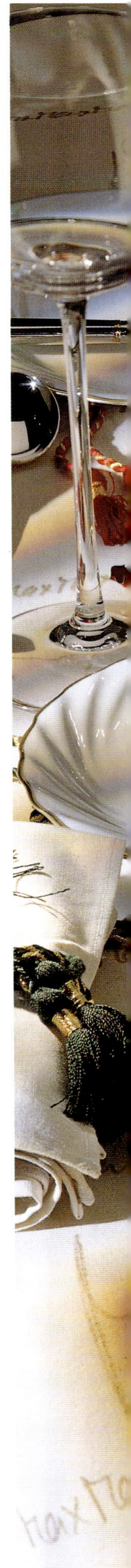

Wer Hochzeit feiert,
schwebt im siebenten Himmel der Liebe,
geht wie auf Wolken und läßt es rote Rosen regnen

Hochzeit – Amor hat gezielt und getroffen

Die Dekoration kann nicht romantisch genug sein für diesen Tag der Freude und Rührung: Zwei Herzen haben sich gefunden und wollen nun ewig füreinander schlagen. Die Hochzeitstafel macht der Braut Konkurrenz. Wer ist von mehr Tüll umgeben? Denn eine Wolke aus weißem, getufftem Tüll umweht den Tisch. Wo Gläser und Gedecke stehen, liegt der Stoff flach, dazwischen wirft er feine Falten. Unzählige Röschen schweben in dieser Tüllwolke, von Freunden und Bekannten des Brautpaares Tage vorher bei einem Gläschen Sekt in fröhlicher Runde gebastelt. Man kann zur Dekoration statt der Papierblüten auch echte, duftende Rosenknospen arrangieren, auf dem Tisch langstielige Rosen oder kleine Buketts verteilen. Zu später Stunde, wenn der Hochzeitswalzer getanzt und alle Jubelrufe ausgebracht sind, wird anstelle des Schleiers die Tüllwolke zerzupft, und die Gäste erhalten zum Abschied kleine Stücke davon – symbolisch als Stück vom Glück und als Erinnerung an das wunderschöne Fest.

WILKENS
WILKENS

Taufe – großer Bahnhof für das Baby

Eine Taufe ist eine wunderbare Gelegenheit, die ganze Verwandtschaft zusammenzurufen, um sich gemeinsam über den Familienzuwachs zu freuen. Bei vielen werden alte Erinnerungen wach, und einige haben selbst schon Nachwuchs. Nostalgische und neue Fotos machen die Runde. Mit den stolzen Eltern wird die Taufe als Mittagessen oder Kaffeeklatsch gefeiert, und keiner ist böse, wenn sich die Mutter mit dem Baby immer wieder mal für einen kurzen Moment zurückzieht.

Die Dekoration dokumentiert, ob ein Mädchen (rosa) oder ein Junge (hellblau) gefeiert wird. Hier ist das Arrangement in festliches Blau getaucht. Mit Wolken von Tüll bekommt das Ganze einen heiteren, liebenswerten Rahmen. Daß sich alles um ein Baby dreht, erkennt man an den Kleinigkeiten, die den Tisch schmücken: kleine Schnuller, Rasseln, Strümpfchen oder zu Schleifen gebundene Bänder. Kerzen in Blau oder Rosa dürfen nicht fehlen. Auch die Blumen halten sich an die farbigen Spielregeln. Blau blühen Traubenhyazinthen, Glockenblumen, heller Rittersporn, Leinsaatblüten, Agapanthus oder Jungfer im Grünen. Rosa Blüten haben Rosen, Rhododendren, Malven, Levkojen, Maßliebchen und auch Hortensien.

Bei einer Tauffeier tritt der paradoxe Umstand ein, daß dies Fest um so harmonischer verläuft, je stiller sich die Hauptperson an diesem Tag verhält

WILKENS
WILKENS

Der Tag der Kommunion wird zuerst in der Kirche würdig begangen und dann im großen Familienkreis gefeiert: Ein Kind ist dem Erwachsenwerden wieder ein Stück näher gerückt

Kommunion – weißer Festtag im Frühling

Die Kommunion ist gegebener Anlaß, die ganze Verwandtschaft einzuladen und mit der jungen Hauptperson in der Mitte auf ein fröhliches Heute und ein vielversprechendes Morgen anzustoßen.

Alle sollen sehen: hier wird gefeiert! Haus- oder Wohnungseingang werden mit frischem Grün geschmückt. In der Frühlingszeit sind junge Zweige von Birke, Buchsbaum oder Tanne in Fülle zu haben. Man kann auch aus grünen Zweigen und weißen Blumen Girlanden flechten und den Eingang mit diesem Schmuck bekränzen. Die Festtafel lebt ebenfalls von frühlingshaften Kontrasten. Über einem schimmernden Damasttuch wird ein zweites Tuch zur schmalen Girlande gedreht und in Wellenlinie um die Gedecke gelegt. An der Girlande rankt zartgrüner Asparagus, Ruskus oder dunkle Myrte. Die Pflanzen stecken in wassergefüllten Blumenröhrchen, die im Damasttuch versteckt werden. So bleibt der Tischschmuck während des ganzen Tages schön frisch. Alles ist eher schlicht als prunkhaft, doch auf den zweiten Blick fallen edle Kleinigkeiten ins Auge: Stoffblüten und Kerzenmanschetten aus Tüll und Taft, Hohlsaumkanten an den Servietten, silberne Platzteller. Das Service wirkt durch sein filigranes Rippendekor besonders fein, in schöner Harmonie dazu das moderne Besteck.

Diese Dekoration kann selbstverständlich auch den Festtagstisch anläßlich einer Konfirmation schmücken.

*Eine Jubilarin
oder einen Jubilar zu feiern,
heißt auch,
Tugenden wie Treue, Liebenswürdigkeit
und Verantwortungsgefühl zu ehren.
So einen Menschen
wiegt man gern in „Gold“ auf*

Der Jubilar – er lebe hoch

Die Gedecke sind deshalb auch mit einem wertvollen Goldrand versehen, die Bestecke schimmern edel, und die Gläser wirken wie mit Goldstaub gepudert. Kleine Kerzen unterstreichen die festliche Atmosphäre, und auf den Servietten prangt die Jubiläumszahl aus goldfarbener Pappe. Die Lorbeerkränzchen finden ihre großzügige Fortsetzung auf dem Tischtuch, wo sich die aufgemalten Blätter zu dekorativen Kränzen formen. Sie wurden mit Schablonen, Schwamm und grünen Acryl- oder Abtönfarben auf ein Nesseltuch getupft. Man kann die Schleifen auch gold oder rot malen, das hängt ganz vom Geschirr ab, mit dem Sie die Tafel decken. Wenn Sie das Tuch noch zu anderen Anlässen auflegen wollen, sollte es mit einer Folie geschützt werden.

Stunde für Stunde – Highlights

Traumfrühstück im Bett

Einen Sonntagmorgen im Bett zu vertrödeln, ist der schönste Luxus, den man sich schenken und leisten kann! Zeit haben, tagträumen und dabei ein Frühstück genießen, wie es im Fünf-Sterne-Hotel nicht besser serviert werden kann

Das Bett wird schon am Samstagabend mit der Lieblingsbettwäsche neu bezogen. Und in der Küche stellt man alles bereit, damit am nächsten Morgen nur noch ein paar Handgriffe nötig sind. Kaffeemaschine einschalten, den Toaster bedienen, Eis in den Sektkühler geben und dann mit dem Silbertablett husch, zurück ins warme Bett. Nun darf man sich wohlig zurücklehnen und das Frühstück genießen. Nebenbei kann man in der Illustrierten blättern, endlich den Roman zu Ende lesen, seine Lieblingsmusik hören oder sich im Fernsehen einen alten Liebesfilm zu Gemüte führen. Ist der Vormittag schon etwas fortgeschritten, kann man auch gemütlich telefonieren und sich vielleicht zu einem Spaziergang am Nachmittag verabreden. Aber noch hat das Bett nicht an Reiz verloren...

Frühstück unter freiem Himmel

Sommer, Sonne, Sonntagmorgen. Drei wunderbare Gründe, Freunde zu einem Sektfrühstück im Garten oder auf dem Balkon einzuladen

Große Vorbereitungen sind nicht notwendig, auch die Gastgeberin darf ausschlafen. Hauptsache ist, sie hat genug Sekt im Haus. Was der Kühlschrank nicht faßt, wandert in die mit kaltem Wasser und Eiswürfeln gefüllte Badewanne. Alles andere gestalten Sie nach Lust, Laune und nach Ihren Vorräten. Zitronen und Limonen dekoriert man als hübsche Farbtupfer zwischen die Gläser. Sekt und Selters bleiben in einem Aquariumbecken, mit Eis und Wasser gefüllt, schön kühl.

Sekt verlangt nach kleinen, kulinarischen Köstlichkeiten wie Scampi, Crevetten und Artischocken, die mit verschiedenen Dips serviert werden. Saucen und Artischocken können am Vortag zubereitet oder aber genausogut wie köstlich marinierte Artischockenböden fertig gekauft werden. Französisch wird das kleine Frühstück mit Baguettes und Croissants, die rasch aufgebacken sind, verschiedene Marmeladen und Butter gehören dazu. Für müde Geister gibt es als Muntermacher Kaffee, Milchkaffee und Espresso. Der Anblick der frischen Melonen und des leuchtenden Sonnenblumenstraußes wecken auch die letzte verschlafene Seele auf.

Für das tägliche Mittagessen bleibt oft nicht viel Zeit, schnelle Gerichte sind – zumindest unter der Woche – häufig gefragt. Aber das darf nicht heißen, daß alles hastig hinuntergeschlungen wird

Auch mittags ißt das Auge mit

Auch wenn es nur Suppe oder Eintopf gibt, sollte der Tisch mit Liebe gedeckt sein und für freundliche Stimmung sorgen. An einem sommerlichen Mittag sorgen das frische Porzellandekor auf gelbem Tischtuch und die weißen Damastservietten für eine fröhliche Stimmung. Ein Rosenstrauß mit Oleandergrün oder Olivenzweigen geben in natura das feine Tellermuster wieder. Wird es draußen wieder kälter, soll der Mittagstisch ein Gefühl von Geborgenheit vermitteln. Decken Sie dasselbe Porzellan dann auf ein braunes Tischtuch, das schön zum Roséton des Dekors paßt. Servietten im gleichen blassen Rosa vollenden die Harmonie des Arrangements. Stellen Sie eine Schale mit Zitrusfrüchten in die Mitte. Die Farben Gelb und Orange muntern auf, und als Vitaminspender liefern die Früchte gleichzeitig einen gesunden Nachtisch.

Eine Einladung zum Tee
ist keineswegs förmlich, eher persönlich,
aber auch nicht zu intim.
Man trifft sich auf ein oder zwei Stündchen,
um über alles mögliche zu plaudern

Einladung zum Tee – Five o' clock tea

An einem heiter gedeckten Tisch genießt man den blumig-feinen Tee und ofenwarmes Gebäck – eben very british. Die Hortensienblüten in der Glasvase verraten, wer beim Geschirr Modell gestanden hat. Die bauchige Kanne steht auf dem Stövchen, so bleibt der Tee schön heiß und das duftende Aroma erhalten. Zum traditionellen Five o' clock tea gehört das von allen Engländern geliebte Gebäck Scones. Es wird warm serviert, in der Mitte aufgeschnitten und dann mit Butter oder Schmand und rotem Johannisbeergelee bestrichen. Beim klassischen High Tea gibt es zu Kuchen und Gebäck noch Sandwiches, die erst mit frischen Gurkenscheiben belegt typisch englisch sind. Nach der dritten Tasse Tee sollten Sie die höfliche Einladung zur vierten ebenso höflich ablehnen, sich für die reizende Unterhaltung bedanken und den gelungenen Nachmittag nicht bis zum Abend ausdehnen.

Willkommen zur „Happy hour“ – Cocktailparty

Die Einladung kann ganz formlos sein – ein spontaner Telefonanruf genügt. Die Party beginnt gegen 18 Uhr, geübte Gäste wissen, daß man sich nach zwei Stunden gutgelaunt wieder verabschiedet. Angeboten werden Drinks, die man im Stehen genießt, dazu gibt es Knabbereien, Brot und Käse. Man macht sich bekannt, plaudert angeregt oder lauscht interessiert dem Klatsch der anderen.

Zum offiziellen Cocktailempfang allerdings lädt man zwei Wochen vorher schriftlich ein und bittet um Antwort. Für die Damen ist das der richtige Anlaß, das Cocktailkleid auszuführen, nebst passendem Hut. Die Herren erscheinen im dunklen Anzug.

Nirgendwo
kann man so herrlich durcheinanderreden
und lässig umherschlendern
wie auf einer ungezwungenen Cocktailparty.
Einen anstrengenden Bürotag
läßt jeder gern mit einer Happy hour ausklingen

Man lernt sich kennen,
kommt sich näher, geht zusammen aus.
Doch plötzlich erscheint das intimste Restaurant als zu groß,
und der aufmerksame Ober stört nur
die wunderbare Zweisamkeit

Candlelight für zwei

Der nächste Abend soll nun ein romantisches Candlelight-Diner werden, bei dem es keine Zaungäste gibt, sondern nur Sie und Ihn.

Blau ist die Farbe der Romantik, sinnlich und voller Versprechungen. Dunkelblau wie die Nacht ist deshalb auch das feine Tafeltuch. Zwischen beiden Gedecken liegt locker zur Girlande gewunden ein zweites, an dem Efeu entlangrankt. Champagnerfarbene Rosenblätter sind duftende Begleiter der immergrünen Zweige. An ein prachtvolles Pfauenrad erinnert das orientalisch-üppige Dekor der Teller. Als feiner Kontrast dazu findet sich an der weißen Suppentasse nur ein schmales Band dieses Musters. Die vielen Kerzen tauchen den festlichen Tisch in ein weiches, schimmerndes Licht. Verheißungsvolle Kulisse, um sich ganz tief in die Augen zu blicken.

Abenteuer Tische

Vergessen
die Regentage, wo man in Gummistiefeln
auf der Baustelle im Morast versank

Ein Traum wird wahr – Richtfest

Der Rohbau steht, gekrönt von Dachbalken – ein wichtiger Tag in der „Lebensgeschichte" eines Hauses. Es riecht nach frischem Holz, am Dachfirst flattern die Bänder des Richtfestbäumchens. Der Zimmermann wird nach altem Brauch seinen Spruch ausbringen, die guten Wünsche für das Haus durch einen Schluck Schnaps bekräftigen und das Glas dann zerschmettern. Das bringt Glück für die Fertigstellung des Hauses und für diejenigen, die darin leben werden.

Auch wenn die Baustelle ein einziger Bretterverhau ist, kann man sie mit ein paar Handgriffen in einen Freiluftfestsaal verwandeln. Über Hohlblocksteine, Kisten, Bretter und Böcke wird meterweise Nesseltuch gelegt – und schon steht der Unterbau für das Büfett. Birkenzweige mit den gleichen bunten Bändern wie am Dachfirst sind ein Symbol für Fruchtbarkeit und Lebenskraft und sollen dem Haus Segen bringen.

Beim Richtfest wird dem Schnaps kräftig zugesprochen. Eine handfeste Grundlage geben deftige Genüsse, die reichlich aufgetischt werden: Kartoffelsalat mit Würstchen, Linsensuppe, Schinken, Käse und Baguettes, garnierte Brote und Obst. Denn Feiern an der frischen Luft macht bekanntermaßen hungrig.

Zur Begrüßung
gibt es einen Aperitif und etwas Hollywoodglanz.
Denn als Entree steht jeder Gast im Rampenlicht
und wird mit einer Sofortbildkamera porträtiert

Sie planen
einen unterhaltsamen Abend,
wollen die Gästeschar bunt mischen,
alles ein bißchen dem Zufall überlassen

Abend im festlichen Rahmen

Sie haben Freunde eingeladen und interessante Bekanntschaften, die noch nicht zum engen Kreis gehören. Damit so ein Schnupperfest nicht steif beginnt, überraschen Sie die Gäste mit „Gastrollen in abendlicher Rahmenhandlung". Sie decken die Tafel entsprechend der Speisen ein und dekorieren jeden Platz mit einem Bilderrahmen. Ob rund, eckig oder oval – Hauptsache, so groß, daß Gedeck, Besteck und Gläser schön plaziert werden können. Rahmen verschiedenster Art finden Sie preiswert in Möbel- und Kaufhäusern, Geschenkboutiquen und auf Flohmärkten sowie beim Antiquitätenhändler. Wirkt ein Rahmen schon sehr abgegriffen, tut ein bißchen Goldfarbe wahre Wunder.

Sie wollen die Tischordnung diesmal ja dem Zufall überlassen. Damit man sich besser kennenlernt, kann man zu Beginn ein kleines Spiel spielen: Sie organisieren zu jedem Rahmen ein passendes Bild. Ein Kalenderblatt, ein Poster, ein Foto, was immer Ihnen gefällt oder Bezug zum Abend haben könnte. Die „Kunstwerke" werden zusammengerollt und in einen Korb gesteckt. Jeder der Gäste sucht sich ein Bild aus und nimmt dort Platz, wo er den entsprechenden Rahmen dafür findet. Attraktive Kerzenleuchter sorgen für eine warme Atmosphäre. Die hübschen Rahmen sind immer wieder für eine einfallsreiche Tischdekoration zu verwenden. In der Zwischenzeit schmücken sie Ihre eigenen vier Wände.

Schlaraffenland – aus dem Korb gezaubert

Wer umzieht, hat oft keine ruhige Minute. Im hektischen Trubel kann man sich kaum vorstellen, jemals wieder an einem schön gedeckten Tisch zu sitzen

Doch da gibt es ja die Freunde in der Not, die schon längst einen Plan haben, wie man Glanz in die Hütte, sprich in das neue Heim bringt. Alles ist genau abgesprochen. Aus Picknickkörben wird ein überraschendes Tischlein-deck-dich gezaubert. Die einen bringen Decken, Molton, edlen Damast und Sitzkissen mit, andere sorgen für Gläser, Geschirr und Besteck für den improvisierten „Tisch" auf dem Fußboden. Tassen und Teller sind buntgemischt, aber ähnlich im Dekor. Sektkühler, Eiswürfel (in Zeitungspapier gepackt), Kerzenleuchter und Blumen werden auch noch beigesteuert. Und der Rest überrascht mit feinem Imbiß, der zum Champagner serviert wird. So entsteht im größten Durcheinander zwischen Kisten und Kästen eine kleine Insel zum Erholen und Kräftesammeln.

POMMERY

Gartenfest in der Wohnung

Holen Sie sich den Duft von Erde und Natur ins Haus. Auch wenn es draußen noch so stürmt oder schneit, inszenieren Sie einfach den Garten auf dem Tisch

Der Untergrund besteht aus derber Jute. Sie riecht nach Garten und frischer Erde, genauso wie die Torftöpfchen, in denen sonst zarte Pflänzchen gezogen werden. Hier dienen sie als rustikale Servierschalen für Knabberzeug, Nüsse oder Cocktailtomaten. Lauschige Gartenatmosphäre schaffen beim Spaziergang gesammelte Zweige und Blätter, die kunstvoll zu Platzsets arrangiert werden. Romantische Minirosentöpfe mit Namensschildchen laden jeden Gast an den ihm zugedachten Platz. Früchte der Saison sind mit Blattwerk in einem Spankorb dekoriert und werden später als Dessert gereicht. Flackernde Petroleumlämpchen machen den Eindruck eines fröhlichen Gartenfestes perfekt.

Der Einzug ist geschafft,
das meiste hat seinen Platz
in den neuen vier Wänden gefunden,
Freunde und Nachbarn sind herzlich willkommen

Zwar herrscht noch etwas Chaos, aber im Kühlschrank steht schon der Sekt kalt. Und die Kisten mit Geschirr und Gläsern sind auch in Reichweite. Jetzt spontan ein fröhliches Fest für die Freunde improvisieren, die tatkräftig beim Umzug geholfen haben. Auch die neuen Nachbarn werden herzlich dazugebeten. Getränke kommen in einen mit Eis gefüllten Eimer, denn Sektkühler und Tischdecken sind noch verschollen. Buntes Geschenkpapier als Dekoration fürs Büfett, das mit Blüten, Blättern und Früchten sommerlich gestaltet wird. Haben Sie ein paar grüne Bäumchen auf dem Balkon oder Büsche im Hof, inszenieren Sie das „Hallo-Herr-Nachbar-Fest" einfach im Freien. Zum kleinen oder auch großen Hunger am Nachmittag passen reich belegte Häppchen, eine herzhafte Suppe und Salate. Vielleicht steuern auch Freunde noch etwas bei, die auf ein Glas vorbeischauen – und feierlich Salz und Brot überreichen: auf daß immer genug Essen und Geld im Hause sei…

Nachmittag der offenen Tür

Licht hat etwas Magisches.
Sind die Tage kurz und beginnen die langen Winternächte,
trifft man sich gern im Schein vieler Lichter und Kerzen
und rückt ein bißchen enger zusammen

Magie des Lichts – Lichtertisch

So war das auch früher, wenn sich alles in einem Raum ums Feuer oder um den Ofen versammelte und man sich Geschichten erzählte.

Eine Lichterkette unter einer milchigen Glasplatte befestigt, funkelt einladend. Auf dem Tisch strahlen die elektrischen Birnchen mit den Kerzen um die Wette. Die standfesten Lichter sind zum einen auf der Platte verteilt, zum anderen stehen sie in grünen Moosnestern. Dafür werden kleine Blumentöpfchen mit Lappenmoos verkleidet. Das Band aus Metallgewebe wirkt wie eine große Schleife und glitzert in warmem Lichtschimmer nach allen Seiten. Die Spiegelsterne reflektieren das Licht zusätzlich.

Es müssen nicht Tulpen aus Amsterdam sein, mit denen man den Tisch für eine frühlingshafte Einladung schmückt

Laßt Tulpen sprechen!

Genauso attraktiv ist ein selbstgebasteltes Blumenmeer. Das macht Spaß, kostet nicht viel, und so eine rote Tulpendekoration verschönert nicht nur den Tisch für ein kleines Essen, sondern bietet sich auch für Geburtstage, Kinderfeste und Gartenpartys an – einfach alles, was gute Laune macht. Die Blumen wachsen natürlich nicht von selbst auf dem Tisch. Ein bißchen Geduld sollte man schon haben. Die roten Pappblüten fertigt man leicht mit Hilfe einer Schablone.

Um jedes Gedeck arrangiert man so ein kleines Tulpenfeld. Schlichtes, weißes Porzellan paßt am besten dazu.

Die Tür steht offen am Jour fixe

Jour fixe
war in Frankreich früher der Tag,
an dem hochgestellte
Persönlichkeiten
zu sprechen waren.
Heute ist der Jour fixe eine unterhaltsame
und höchst kommunikative Angelegenheit

Der Gastgeber bestimmt einen Tag und die Uhrzeit, wo sich eine möglichst buntgemischte Gästeschar bei ihm trifft, um bestehende Kontakte zu pflegen und um neue zu knüpfen. So ein Jour fixe kann an jedem ersten Sonntagabend im Monat stattfinden, am Frühling-, Sommer- und Herbstanfang oder an jedem Mittwochnachmittag. Wer einmal eingeladen wurde, ist auch ohne erneute Aufforderung weiterhin herzlich gebeten, am ausgemachten Jour fixe zu erscheinen.

Im Mittelpunkt steht die Unterhaltung. Es müssen also genügend Sitzgelegenheiten vorhanden sein, damit sich immer wieder neue, diskussionsfreudige Grüppchen bilden. Gläser, Geschirr, Oliven, Gebäck, Nüsse und zum Trinken trockener Wein, Bier, Kaffee oder Tee stehen auf vielen kleinen Beistelltischen für die Gäste bereit. Auch wenn die Idee des Jour fixe gleich bleibt, kann der Gastgeber mit wechselnder Dekoration, Tischwäsche, mit einem anderen Geschirr und mit Accessoires immer wieder für ein neues Ambiente sorgen.

Spiel mit Mustern

Der Gepard ist los auf diesem Tisch.
Es scheint, als würde Mem Sahib
eine illustre Jagdgesellschaft nach erfolgreicher Safari
zum Five o' clock tea empfangen

Die ganze Dekoration ist hier auf das Porzellanservice abgestimmt. Mit Farben und Pinsel wird das plakative Muster auf die Tischdecke übertragen. Nessel ist dafür der ideale Untergrund. Wenn Sie Abtönfarben verwenden, sollte das Kunstwerk mit einer klaren Folie geschützt werden. Malen Sie mit Acrylfarben, ist die Decke dagegen weniger empfindlich. Orchideenblüten, gemusterte Servietten und gebündelte Zweige verstärken die Dschungelatmosphäre. Zu solch musterhafter Tischordnung inspirieren auch großblumige oder geometrische Dekors, die sich spielerisch leicht übertragen lassen.

Wer auf Bali oder in Indien gesehen hat, wie der Seidenhändler oder die Marktfrau elegant ihr Fischcurry vom Bananenblatt essen, als sei es das edelste Porzellan, wird vielleicht auch Lust verspüren, einmal mit „Fingerspitzengefühl" zu speisen

Nehmen Sie ein Blatt vor den Mund

Laden Sie Freunde ein, die ebenfalls ein Faible für die asiatische Küche und vor allem für scharf gewürzte Reisgerichte haben. Gäste, die bei diesem exotischen Experiment den Mut verlieren, können auf die Eßstäbchen zurückgreifen, die hier stilecht auf kleinen Buddhas bereitliegen. Die sauberen Bananenblätter werden auf schwarz eingefärbtem Schilf drapiert, daneben stellt man wassergefüllte Fingerschalen, die man mit Rosenblättern parfümiert. Es gibt Reis, Huhn, Fleisch oder Fisch, dazu eine oder zwei Saucen. Alles wird dann nebeneinander auf das Blatt gehäuft. Mit den Fingern rollt man den Reis zu Kugeln, taucht sie in die Sauce, nimmt ein Stück Fisch dazu – mmh, wie köstlich. Man kann das Essen auch auf kleinen Tellern reichen und auf den Bananenblättern anrichten. Hibiskusblüten in halben Kokosnußschalen zaubern eine liebenswürdige, heitere Stimmung. Und schon fühlen Sie sich nach Bali versetzt.

Sei kein Frosch

Stellen Sie ausreichend Bier kalt, und servieren Sie Herzhaftes: verschiedene ganz frische Brotsorten mit Schinken und Käse belegt. Laugenbrezeln, mehrere Wurstsorten, Frikadellen, Kartoffelsalat und saure Gurken. Für alle, die Süßes bevorzugen, gibt es zum knusprigen Brot Butter und selbstgemachte Marmeladen, Kuchen und Gebäck.

Die Einladungen richten Sie an die Damen und besonders an die Herren, damit sie den Sprung zum Nachmittagskaffee wagen. Greifen Sie das Motto, kein Frosch zu sein, in der Tischdekoration auf. Lassen Sie Holzfrösche überall hervorlugen. Die Selleriebowle ist das verbindende Getränk zwischen Kaffee und Bier; eisgekühlt erfrischt sie an einem heißen Sommertag alle Gemüter.

Einen Nachmittagskaffee kann man leicht so gestalten, daß auch die Herren der Schöpfung ihre Freude daran haben und samstags mal aufs Fußballspiel verzichten

Im 18. Jahrhundert tafelte man nicht nur in Frankreich so königlich. Prachtvoll angelegte Barockgärten mit versteckten Pavillons waren Schauplätze so manch ausschweifenden Festes. Schnurgerade Kieswege, gestutzte Hecken und im Mittelpunkt eine verschwenderisch gedeckte Tafel.

Tafelfreuden im barocken Stil

So ein Hofgarten en miniature ist ein wunderbarer Einfall für ein erlesenes Menü mit vielen Gängen. Moospolster, immergrüne Pflänzchen und duftende Kräuter auf dekorativem Kiesbett zaubern ein Gefühl von Unbeschwertheit und Lebensfreude. Reibt man ein Gewürzblatt zwischen den Fingern, entströmt ein Duft, der gleichzeitig den Gaumen kitzelt. Dieses Erlebnis wird noch intensiver, wenn die gleichen Kräuter auch in der Küche verwendet werden, zum Beispiel Rosmarin, Thymian, Majoran und Salbei zu Burgunderbraten, Wild, Geflügel oder Fisch. Wollen Sie Ihre Gäste rundherum überraschen, wählen Sie reichhaltige Gerichte und schwere Weine. Neuerdings erscheinen immer mehr auf unsere Zeit zugeschnittene Rezepte aus früheren Zeiten.

Hier fehlt nur noch ein hochmütiger Zeremonienmeister, der die Gäste mit feierlichem Stockklopfen ankündigt

Die Insel läßt grüßen

Damit die schönen Erinnerungen an die Ferien noch lange nachklingen, verschwinden Souvenirs und Fotos nicht einfach in einer Schublade. Auch das dem Wirt so mühsam entrissene Geheimrezept muß natürlich am heimischen Herd ausprobiert werden. Was liegt näher, als Freunde einzuladen und mit ihnen den Urlaub im sonnigen Süden noch einmal Revue passieren zu lassen.

Damit die Gäste auch wissen, worüber man so sehr ins Schwärmen kommt, werden auf eine Papiertischdecke großzügig die Umrisse der Insel oder des Landstriches gezeichnet, die das Traumziel waren. Postkarten, Schnappschüsse, Stimmungsbilder und die handgeschriebene Speisekarte der Lieblingstrattoria erinnern an die wunderschönen Ferientage. Der Lammrücken im Kräutermantel ist ein Gedicht, und die mitgebrachten Rotweinflaschen leeren sich so rasch, wie die Laune am Tisch steigt.

Die Großstadthektik hat einen längst wieder, doch die Stille des Bergdorfes oder der Charme des malerischen Hauses am See verblassen so schnell nicht

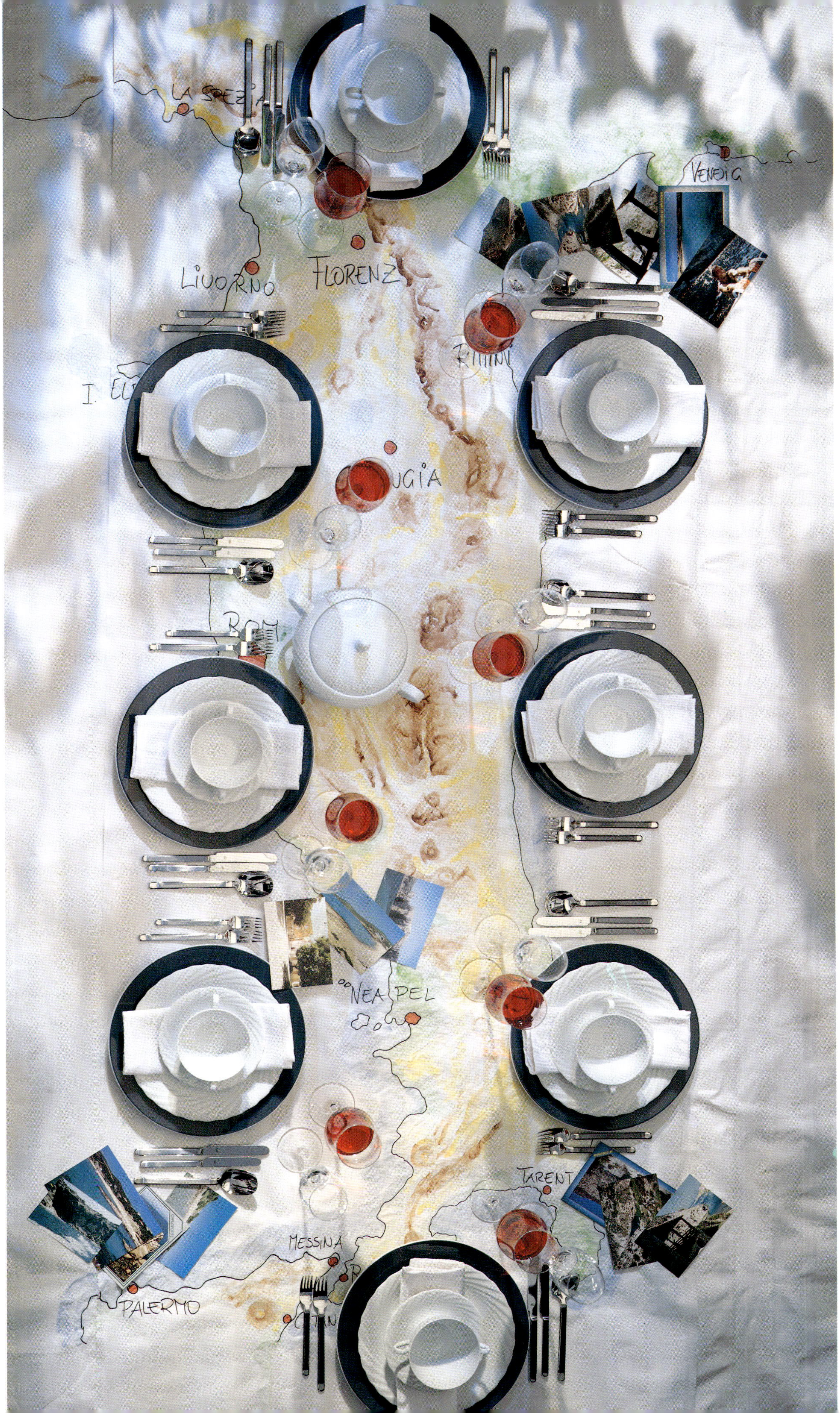
VENEDIG
LIVORNO
FLORENZ
RIMINI
NEAPEL
TARENT
MESSINA
PALERMO

Liebeszauber
Die Liebe ist das Gewürz des Lebens. Sie kann es
versüßen, aber auch versalzen.
Konfuzius
Das Schreien
Einst ging ich meinem Mädchen nach
Tief in den Wald hinein,
Und fiel ihr um den Hals, und: Ach!
Droht sie, ich werde schrein.
Da rief ich trotzig: Ha! ich will
Den töten, der uns stört! –
Still, lispelt sie, Geliebter, still!
Daß dich niemand hört.
Johann Wolfgang von Goethe
Liebe
Die Rezepte des Meisters
Margareta Sybilla
134
Zauberbuche des
überaus köstliche
wunderbarsten
der Natur ergründen
großen Liebe noch der
die meisten also

Ein Fest wie ein Gedicht

Verliebt, verlobt – Heirat in Sicht!
Ein wahrhaft liebevoller Anlaß, mit Freunden zu feiern

Schon in der Einladung zum Verlobungsfest lassen Sie anklingen, daß es an einem solchen Tag der gefühlvollen Worte nie genug sein können. Deshalb bitten Sie die Gäste, sich mit Gedichten oder sonstigen Texten zum Thema Liebe zu präparieren. Den Tisch schmücken Romanpassagen, Dialoge, Gedichte und Aphorismen aus Zeitungen, Magazinen und Büchern – ausgeschnitten, fotokopiert oder vergrößert. Zu dieser plakativen Dekoration paßt heiteres Geschirr: sanftes Türkis mit dunklem Rand zu schlichtem Weiß.

Es macht immer Spaß, Einladungen unter ein Motto zu stellen. Zum Beispiel „Wenn bei Capri die rote Sonne im Meer versinkt" mit italienischem Menü und einer Tischdekoration in den Landesfarben. Eine Sommernacht „Kalt wie Eis", in der Sie kühle Getränke und kleine, kalte Gerichte servieren. Oder Sie veranstalten eine „Schatzsuche" auf dem Büfett, wo selbstgemachte und mitgebrachte Salate, Desserts und andere Leckereien unter Tüchern, großen Blättern und Cloches verborgen sind. Der Phantasie sind hier keine Grenzen gesetzt.

Der kleine Pan auf der antiken Schale entlockt seiner Flöte scheinbar heitere Klänge. Die Gastgeber deuten sie als gutes Zeichen fürs Fest

Altes Design und neuer Glanz

Endlich war die Jagd nach Preziosen erfolgreich, Ihr Haushalt besitzt ein weiteres antikes Prachtstück. Anlaß genug, es zum Mittelpunkt einer festlichen Einladung zu machen. Wenn die Königin glänzt, übt sich der Hofstaat in vornehmer Zurückhaltung: Fast kühl hier der Untergrund, um die üppige Form der Schale gebührend zur Geltung zu bringen. Das moderne, sanft marmorierte Porzellan auf dem Glastisch nimmt mit seinem Silberstreifen den Glanz des Prunkstücks auf. Das schimmernde, schnörkellose Besteck und die schmalen Gläser korrespondieren damit. Nach dem leichten Diner munden Trauben und exotische Früchte, die zusammen mit frischen Blättern die geschwungene Obstschale schmükken. Sattgrüne Blätter zieren auch die Teller und vollenden die Harmonie dieser gelungenen Verbindung von alt und neu.

6240
RCA
HOUND DOG
Victor
STEREO
RCA VICTOR
RCA

Nostalgie,
die in die Beine fährt

Rock around the clock

Für dieses Fest brauchen Sie vor allem Platz und Raumhöhe. Denn bei einer fortgeschrittenen Rock-'n'Roll-Party kann es passieren, daß einer der Gäste mit seiner Tanzpartnerin einen Überwurf versucht. Bereits die Vorbereitungen des Festes machen Laune. Stöbern Sie in Ihrer Plattensammlung oder bei Freunden nach entsprechenden Schallplatten. Als Einladung verschikken Sie eine Kopie des Plattencovers von King Elvis, Pat Boone, Jerry Lee Lewis und Blueberry-Hill-Freund Fats Domino. Fordern Sie Ihre Gäste auf, alles mitzubringen, was sie im Stil der Fifties auftreiben können: Plakate, Kofferradios, Pick-up-Plattenspieler, Alben mit dem typischen Plastikbezug.

Auf dem Büfett sorgen Salzlettenständer, Siphons und poppiges Geschirr für das richtige Ambiente. „Rip it up" heißt die Devise, und dazu gehört auch das entsprechende Rock'n'Roll-outfit: Entenschwanztolle, Koteletten und Brillantine für ihn, Ballerinas, Petticoat und Pferdeschwanz für sie. In Stimmung kommt man mit den „Büchsenöffnern" der wilden Fünfziger: die Drinks Kikeriki, Manhattan und Side Car.

A Star is born

*Junge Leute
können mit Hingabe von einem Star schwärmen.
Sie sammeln alle Platten, Poster und Filmausschnitte.
Mal wird das Idol Monate angehimmelt,
dann nur wenige Wochen,
manchmal aber hält die Leidenschaft auch Jahre an*

Teenager freuen sich über einen Stargeburtstag, der so aufgezogen ist, als käme der umschwärmte Superstar jede Minute herein, um mit seinem Fan zu feiern. Wenn die ersten Gäste kommen, flimmern schon Videotapes mit Clips und Konzertausschnitten, oder ein toller Film wartet auf die Gästeschar. Poster schmücken die Wände. Zwischen den Tellern bauscht sich roséfarbener Satin. Spitzenbänder und rote Rosen erwecken eine intime, fast erotische Atmosphäre. Mitgebrachte Geschenke sind, wenn auch noch so klein, pompös und aufwendig verpackt. Aber ob nun Madonna oder Kevin Costner, Whitney Houston oder Prince als Dekoration glänzen – wirklich im Mittelpunkt steht an diesem Tag nur einer – das Geburtstagskind.

Gruselgeburtstag

Warum nicht mal einen Kindergeburtstag als kleines Grusel-Happening veranstalten. Auf dem Tisch liegt ein riesengroßes Netz aus Paketschnur geknüpft. Große und kleine Plastikspinnen krabbeln darin um die Wette. Es können sich auch noch künstliche Käfer und andere Kriechtiere dazugesellen. Auf Tellern mit Konfettitupfern serviert man Wackelpeter, zu trinken gibt es giftgrüne Waldmeisterlimonade oder rosa Himbeersaft. Das Geburtstagskind kann sich von seinen Freunden weitere kleine „Gruselfiguren" wünschen: Vom Dinosaurier bis zum Phantasiemonster paßt alles dazu. Damit zwischendurch genascht werden kann, verstärkt man die Spinnenmannschaft durch eßbare Weingummi-Kollegen. Da gibt es die tollsten Variationen.

Kinder haben oft an Dingen unbefangenes Vergnügen, von denen sich Erwachsene mit Schaudern abwenden. So kann es ihnen in der Geisterbahn nicht höllisch genug sein, und die makabersten Figuren erwecken in ihnen richtig freundschaftliche Gefühle

Alle Tiere sind schon da

Wenn Kinder feiern,
wollen sie nicht nur essen und trinken,
sondern auch spielen und Unterhaltung haben

Bei diesem Kindergeburtstag ist tierisch viel los. Alle Vierbeiner, die man sich nur denken kann, haben heute Ausgang und tanzen auf dem Tisch: Affe, Bär, Zebra, Elefant, Kamel und sogar der Blauwal hat sich dazugesellt, der sich sonst lieber in den Tiefen des Meeres aufhält. Sie alle sind gekommen, um mit den Kindern zu feiern. Aber der Spaß geht ja schon vorher los. Denn das Geburtstagskind bastelt vor dem Fest mit ein paar Freunden den lustigen Zoo. Nach Vorlagen werden die Umrisse der Tiere auf Karton gezeichnet, dann ausgeschnitten und mit einer Stütze versehen. Auf eine bunte Tischdecke legt man eine schützende Luftpolsterfolie. Außerdem wird die Tafel noch mit ein paar Tüllschleifen geschmückt. Auch auf den Tellern und dem Besteck sind viele lustige Tiere zu finden. Ist die kleine Gästeschar vollzählig, darf jeder ein Los nehmen, auf dem jeweils ein Tiername steht! Dann sucht sich jedes Kind auf dem Tisch das Tier, dessen Namen es gezogen hat. Können die Kinder noch nicht lesen, besteht die Möglichkeit, die Tiere auf die Lose zu malen. Haben alle ihren Platz gefunden, kann das tierische Vergnügen beginnen.

Neue barocke Üppigkeit bis ins Detail: golddurchwirkter Damast und Bänder mit goldfarbenem Rand. Der Goldton im Dekor des Services erinnert an ein edles Collier. Blickfang sind kunstvoll geschliffene Kelche und kostbare Kristallleuchter mit Tropfengehänge. Das verschwenderische Styling findet seine Krönung im glitzernden Spiel auf der Tafel: schimmernde Perlen und Muscheln und wie Diamanten funkelnde Glaskugeln. Alles edel und prächtig, aber ohne Protz. Jetzt fehlt nur noch das Perlen des Champagners in den Gläsern.

Genießen
wie bei einem barocken Prunkgelage.
Als hätte eine königliche Geliebte spielerisch
ihr Schmuckkästchen geleert,
glänzen Perlen und Kristalle um die Wette

Barocke Zeiten

Malerische Szenen

Warum nicht mal mit Freunden deftig tafeln ganz im Stile unserer Vorfahren? Es muß ja nicht gleich in Völlerei ausarten wie es auf alten Gemälden dargestellt ist

Statt eines gebratenen Schweins darf es auch ein mildgeräucherter Schinken sein. Diese edle Tafel ist dem Gemälde des Malers Nicolas Lancret nachempfunden, der das Schinkenessen im Jahre 1735 auf der Leinwand verewigte.

Das Tischtuch wirkt wie ein zufälliger Faltenwurf, auch die Servietten sind nicht nach Anleitung gefaltet, doch wurde alles sehr sorgfältig drapiert. Hier zählt der handfeste Genuß. Dazu gehört ein aromatisches Schinkenstück, kräftiges Bauernbrot und wohl temperierter Wein aus silbernen Flaschenkühlern. Eichenlaub und anderes dekoratives Blattwerk setzen ländliche Akzente. Schmücken Sie Ihre Einladung mit einer Postkarte des von Ihnen in Szene gesetzten Gemäldes. Schön wäre es auch, wenn Sie noch Tafelmusik aus dieser Zeit zum feinen Imbiß präsentierten.

Wenn man für sich und für ein paar genießerische Freunde ein Stilleben komponiert, verspürt man schon bei den Vorbereitungen sinnliche Freude.

Als Vorbild sucht man sich ein anmutiges Genrebild aus dem Barock oder der Romantik – Epochen, wo man gern tafelte und Sorgfalt auf schöne Tischkultur verwendete. Geladen wird zu Kuchen, Desserts, Obst der Saison und exotischen Früchten. Üppige Stoffbahnen bedecken die Anrichten oder einen schmalen, langen Tisch. Schalen, Körbe und Platten werden großzügig darauf verteilt.

Edle Karaffen und besonders hochstielige, geschliffene Gläser sind das richtige für eine fruchtige Bowle oder einen leichten Wein. Frische Blätter und Zweige runden das stimmungsvolle Bild ab. Auf einem Beistelltisch werden die Teller deponiert. Hier kann man auch noch etwas Schinken und Käse anbieten, der gut zu den dargereichten Früchten und Nüssen paßt.

Eine gute Kopie ist selbst auch ein kleines Meisterwerk

Verschwenderische Fülle – kulinarisches Stilleben

Ein sommerliches Diner auf der Terrasse, großzügig und luxuriös wie im Patio eines spanischen Granden

Je mehr Gäste, um so lebhafter die Stimmung. Tische werden aneinandergestellt, alle greifbaren Stühle drumherum gruppiert. Die große Tafel wirkt durch ihre einheitliche Gestaltung sehr einladend, die Gäste fühlen sich vom ersten Augenblick an einer vertrauten Gemeinschaft zugehörig.

Über die Stühle ist schlichter Nessel drapiert. Der Stoff wird hinten locker festgesteckt, Schleifen verdecken die Nadeln. Auf dem mit einem Nesseltuch eingedeckten Tisch wiederholen sich die violetten Bänder. Zarte Brombeerranken schmücken das Porzellan, und in natura geben sie mit ihren sattgrünen Blättern dem Tisch ein romantisches Flair. Krönender Tafelschmuck sind die wie leuchtende Früchte glänzenden Kugeln. Sie zieren sonst den Weihnachtsbaum, oder man findet sie in alten Bauerngärten zwischen Rosen und Levkojen. Bauchige Windlichter schützen die schlanken Kerzen, wenn ein plötzlicher Abendwind die laue Luft bewegt.

Neues Kleid für Tisch und Stühle

Jede Frau ist auf ihre Art unbeschreiblich weiblich. Die eine liebt es bunt, die andere bevorzugt einen eleganten Stil. Bei besonderen Anlässen darf das Bühnenbild auch etwas theatralischer sein

Die persönliche Note ist Trumpf

Die Garderobe und der Charakter der Einladung als eine Art Gesamtkunstwerk: Entwerfen Sie eine Dekoration, die zu Ihrer Kleidung paßt. Kombinieren Sie gerne Schwarz mit Gold, dann lassen Sie die beiden Farben auf dem Tisch leuchten.

Das Menü wird auf weißem Porzellan mit sehr zarter Verzierung serviert. Zum Tischtuch aus dunklem Moiré-Damast bilden die goldgelben Servietten einen hübschen Kontrast. Verspielt wirkt das ganze durch die zarten Blütenblätter, die auch das Dessert schmükken können – sofern es sich um eßbare Blüten handelt. Es dürfen Chrysanthemen wie auf dem Foto, aber auch Tulpen, Kapuzinerkresse oder Rosen sein. Gezupfte Blütenblätter schmücken auch den Tisch und die Servietten. Ihr Duft mischt sich mit dem des Blumenarrangements, das, so scheint es, zufällig vom Wind kreiert wurde. Über der festlichen Tafel schwebt somit ein feiner, die Sinne reizender Duft. Aufs angenehmste gestimmt, erwarten die Gäste den ersten Gang…

Wenn das Menü einen Roman erzählt

Als Einladung verschicken Sie Passagen aus einer kulinarischen Reiseerzählung oder aus einem Roman der Region und stimmen so die Freunde auf den Abend ein. Ein Duft von Kräutern liegt über dem Tisch, der mit seinen warmen Terrakottafarben an laue Abende im heißen Süden erinnert. Während die einen das erste Glas Chianti oder Prosecco genießen, helfen die anderen beim Zubereiten des ländlichen Menüs. Mit Gästen zu kochen, ist ein Spaß, vor allem, wenn es um unkomplizierte und handfeste Genüsse wie geschmortes Huhn oder eingelegten Hasen geht, auf deren Rezepte man kürzlich beim Schmökern stieß. Und wer gerade nicht in der Küche zugange ist, der liest vielleicht ein paar Zeilen vor, die vor dem inneren Auge bereits die Atmosphäre entstehen lassen, in die das Menü hineinpaßt.

Decken Sie auf der Terrasse oder in der Küche, holen Sie sich mit Formen, Farben und Düften die Toskana oder Provence ins Heim

Ein Hauch von Exotik

Exotische Länder, feine Kulturen, Träume zum Anfassen! In vielen deutschen Wohnzimmern stehen Rattanmöbel aus Bali, liegen indische Teppiche, leuchten chinesische Lampen. Rezepte aus Asien, Afrika und Südamerika haben schon längst Einzug in unsere Küchen gehalten. Ethno-look bestimmt auch den buntgeflochtenen Tisch, wenn zu einem indonesischen Thai-Curry oder zu scharfem Keniafisch mit gebratenen Bananen geladen wird. Die kunstvoll drapierte Vorhangseide ist auf die Farben der archaisch anmutenden Dekoration abgestimmt: Bastkörbe, Holzschalen, dazwischen geschlungene Baststränge und mit Moos oder „Gold" gefüllte Weidenkugeln. Alle Materialien sind bewußt einfach und naturbelassen. Afrikanische Masken erinnern an den Mythos ferner Kontinente. Nach dem Menü gibt es als Dessert exotische Früchte – von Mangos bis Sternfrucht. Und zu einem fruchtig gemixten Mai Thai sagt sicherlich auch niemand nein.

Die Welt wird immer kleiner. Orte, an die abenteuerlustige Menschen früher erst nach monatelanger Reise gelangten, kann man heute mit dem Flugzeug in wenigen Stunden erreichen

Crash-Kurs Gastlichkeit

Rund um die Einladung

Ein gedeckter Tisch, an dem eine bestimmte Anzahl von Gästen mit Genuß essen und trinken soll, verlangt nach ein paar Grundregeln.
Das überlieferte Märchen vom Schreinergesellen und seinem ungewöhnlichen, kleinen Tischchen enthält bereits Teile dieser Regeln. Es erzählt vom Tischchen, das sich selbsttätig deckt, und berichtet von der damaligen Tischkultur: „... so war das gute Tischchen auf einmal mit einem saubern Tüchlein bedeckt, und es stand da ein Teller, Messer und Gabel daneben ... und ein großes Glas mit rotem Wein leuchtete, daß einem das Herz lachte ..."

Einen Tisch eindecken heißt, sogenanntes Tischgerät in einer bestimmten Form auf dem Tisch anzuordnen. Hinzu kommt das Schmücken des Tisches mit diversen Accessoires. Beides entwickelte sich im Lauf der Jahrtausende nicht nur bei uns, sondern in vielen Ländern der Erde. Die Gebräuche waren und sind unterschiedlich, sie passen sich immer wieder modischen Trends an.

Die Kunst des Tischeschmückens hatte in Europa im 17. und 18. Jahrhundert ihren prunkvollen Höhepunkt. Ganze Kunstwerke aus Blumen und anderen Materialien wurden erschaffen, um den Gästen ein einzigartiges Erlebnis zu bieten und um die Macht und den Reichtum des Gastgebers zu zeigen. Einen speziellen Architekten brauchen Sie heute nicht mehr, um Ihre Gäste mit einem besonderen Tischschmuck zu beeindrucken.

Im Gastronomie- und Restaurantsbereich haben modische Bewegungen jedoch weniger Raum als im privaten Bereich, da die Grundregeln im allgemeinen viel strenger befolgt werden.

In den eigenen vier Wänden stehen Ihnen alle Möglichkeiten offen, auf und rund um den Tisch eine wunderbare Atmosphäre zu schaffen. Einen Tisch zu decken ist so viel mehr, als nur Messer und Gabeln hinzulegen. Es bedeutet eher, sich auf das Speisen in Gesellschaft einzustellen, einer besonderen Stimmung Ausdruck zu verleihen und ein unvergeßliches Etwas zu kreieren, das lange in Erinnerung bleibt.

Das geplante Menü, der Anlaß fürs Fest, ein fixer Gedanke oder die Jahreszeit kann Anstoß für die Konzeption der Tischdekoration sein. Die Ausstrahlung des Tisches bestimmen Sie durch das gezielte Zusammenspiel von Tischoberfläche, Textilien, Porzellan, Glas, Besteck und den sonstigen zur Dekoration verwendeten Materialien. Fügen Sie diese Einzelteile wie Bausteine Stück für Stück zu einem Ganzen zusammen. Probieren Sie aus, was Ihrer Meinung nach am besten zusammen paßt.

Vielleicht nehmen Sie ein wichtiges Detail aus Ihrer geplanten Dekoration als Farbmuster mit ins Blumengeschäft, in den Garten, ins Kerzengeschäft oder in den Stoffladen. Wichtig ist, daß Sie mit oder ohne Plan das kombinieren, was Ihnen persönlich zusagt.

Übersichtsplanung

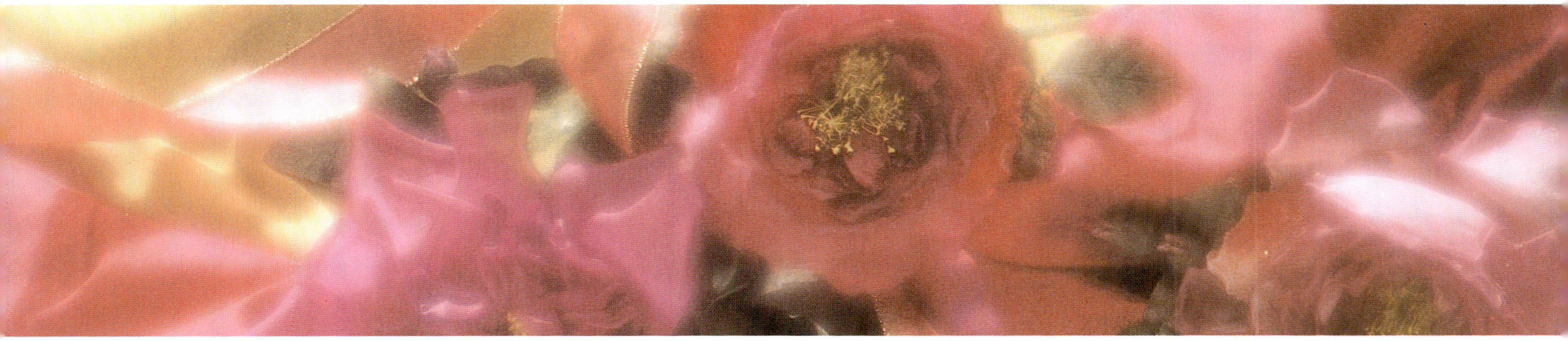

Damit das Fest rundum ein Erfolg wird, muß einiges geplant und organisiert werden.
Bei der Übersichtsplanung helfen Ihnen sieben Stichwörter: Anlaß, Zeitpunkt, Gäste, Ort des Geschehens, Ambiente, Menü, Tischordnung.

Gehen Sie diese Punkte nacheinander durch, und notieren Sie Ihre Gedanken. So ergibt sich automatisch der Übersichtsplan, der die Grundlage für Ihre Checklisten und die praktischen Vorbereitungen bildet. Planen Sie frühzeitig und zeitlich großzügig, denn dann wird Ihnen das Vorbereiten Spaß machen. Helfen Nachbarn und Freunde mit, ist die Vorfreude aller Beteiligten um so größer.

Haben Sie vor, in einem Restaurant zu feiern, ist ein Übersichtsplan auch sehr hilfreich. Sie können ihn mit dem Zuständigen zusammen durchsprechen und dabei festlegen, welche Punkte er übernimmt und welche Sie selbst ausführen.
Nun zu den einzelnen Punkten:

Der Anlaß

Gründe, ein Fest zu feiern, gibt es genügend. Man unterscheidet zwischen „offiziellen" Festen, wie zum Beispiel Hochzeit, Taufe oder Berufsjubiläum, und „privaten" Einladungen. Haben Sie einfach nur Lust, mit netten Freunden ein wenig zu feiern, ohne daß ein Grund vorliegt, so bietet sich dafür ein bestimmtes Motto an. Anregungen finden Sie im Kapitel Abenteuer Tische. Der Anlaß hat Auswirkungen auf die übrigen fünf Punkte.

Feiern Sie beispielsweise eine Hochzeit, so kann das große Essen nicht mitten in der Woche stattfinden, ein Abendessen für vier Personen dagegen schon. Ein Picknick sollten Sie für den Sonntag planen, denn viele arbeiten am Sonnabend, und für Berufstätige ist es oft auch der einzige Tag, um einzukaufen. So wirkt sich der Anlaß auf den Zeitpunkt aus.

Entsprechend dem Anlaß stellen Sie sicherlich auch die Gästeliste zusammen. Ist es ein mehr oder weniger offizielles Fest, wie zum Beispiel das Richtfest, so gibt es die Verpflichtung, die Handwerker einzuladen.

Der Ort des Geschehens ist auch davon abhängig, ob Sie über das Drumherum ausschließlich nach eigenem Gusto bestimmen können. Für ein Firmenjubiläum oder ähnliche offizielle Anlässe würde sich eventuell ein konventioneller Rahmen (zum Beispiel das Feiern im Restaurant) eher eignen. Ausgefallen, ja vielleicht sogar ungewöhnlich können hingegen der Ort und die Dekoration sein, wenn man nette Freunde einlädt.

Die Ausstrahlung des Raumes und des Tisches sollte immer in Einklang stehen. Ein Hochzeitstisch kann sehr romantisch und verspielt sein, hingegen sollte ein Tisch für einen Kindergeburtstag kunterbunt und möglichst mit unzerbrechlichen Accessoires bestückt sein.

Wollen Sie mit guten Freunden ein paar angenehme Stunden verbringen und dabei gleichzeitig speisen, können Sie ruhig beim Menü experimentieren. Erwarten Sie hingegen Ihre Schwiegermutter in spe oder Ihren Chef nebst Gattin, ist es geschickter, auf Nummer sicher zu gehen. Präsentieren Sie in diesem Falle eine Dekoration und verschiedene Gerichte, die Sie bereits bei einer anderen Gelegenheit mit Erfolg ausprobiert haben.

Bei der Festlegung des Termins ist wichtig, daß die Ereignisse, die von allgemeinem Interesse sind, beachten, beispielsweise Eröffnung der olympischen Spiele, Ferienbeginn, Adventszeit oder Muttertag. Natürlich können Sie den Spieß auch umdrehen und einen offiziellen Festtag zum Anlaß nehmen, um gemeinsam mit den Gästen zu feiern. Haben Sie den Termin festgelegt, ergibt sich hieraus der Zeitpunkt, zu dem Sie die Einladungen schreiben und absenden sollten (siehe dazu auch Seite 162).

Die Gäste

Überlegen Sie, wen Sie gerne zu einer Tafelrunde einladen möchten. Bedenken Sie dabei, daß sich alle Gäste untereinander (beruflich und/oder privat) gut verstehen. Wenn die Gäste größtenteils aus einer Berufs-, Sport- oder Interessengruppe kommen, passiert es häufig, daß sich während des Zusammenseins nur ein Gesprächsthema entwickelt. Beachten Sie die Verpflichtungen, die sich bei offiziellen Anlässen ergeben können. Am besten plazieren Sie mit Hilfe von Tischkärtchen Personen nebeneinander, von denen Sie vermuten, daß sie schnell ein gemeinsames Gesprächsthema finden.

Der Ort des Geschehens

Wo die Feier stattfinden soll, hängt von vielen Faktoren ab. Zunächst einmal vom Anlaß, obwohl beispielsweise ein Hochzeitsessen durchaus in eine Rosenlaube und ein Picknick in eine Wohnung (Seite 92) verlegt werden kann. Doch sicherlich sind diese Fälle Ausnahmen. Des weiteren ist die Anzahl der Gäste maßgeblich. Größere, offizielle Feiern (ca. ab 20 Personen) finden daher oft außer Haus statt. Möchten Sie die (meist große) Gästeschar aber in Ihre eigenen vier Wände einladen, so bestimmen Sie zunächst den Raum, in dem die besten Möglichkeiten bestehen, den Tisch zu plazieren. Stellen Sie notfalls kleinere Möbelstücke um. Sollte Ihnen die zur Verfügung stehende Tischfläche nicht ausreichen, kann man diese auf verschiedene Weise vergrößern. Stellen Sie einen zweiten, möglichst gleich großen Tisch an den ersten. Den entstehenden Spalt können Sie durch ein Moltontuch unter der Tischdecke beinahe unsichtbar machen (siehe Seite 153).

Eine weitere Möglichkeit, mehr Tischfläche zu gewinnen, erhalten Sie durch das Auflegen einer Tischplatte (Heimwerkermarkt) auf zwei oder drei Tischböcke. Auch ein normales Türblatt aus Ihrer Wohnung können Sie „aufbocken", wenn Sie die Klinken abmontieren. Anstelle dessen bieten sich außerdem Leichtstoffplatten an, die in Dekorationsgeschäften und im Graphikerbedarfshandel in verschiedenen Größen und Stärken erhältlich sind. Der Vorteil dieser Platten ist, daß Sie sie nach Ihren Wünschen mit einem Messer zuschneiden können.

Biergarnituren (Biergartentische und Bänke) leihen Getränkefirmen aus. Die Garnituren sind nicht nur draußen einsetzbar, sondern ebenso für den Gebrauch im Haus geeignet. Mit bis zum Boden reichenden Papiertischdecken, Stoffbahnen oder großen Tischtüchern läßt sich daraus schnell eine entsprechende Tafel zaubern.

Haben Sie schon einmal darüber nachgedacht, welche Tischform oder -anordnung für den geplanten Anlaß die beste ist? Wenn Sie die gesamte Gästeschar um einen runden oder ovalen Tisch setzen können, dann haben alle die Möglichkeit, direkt miteinander zu sprechen. Für große Feste bietet sich eine lange Tafel oder die Anordnung der Tische in Hufeisenform an.

Gleich welche Tischform Sie wählen, wichtig ist, daß die Gäste in entspannter Haltung sitzen und ohne Verrenkungen Besteck und Gläser zum Munde führen können. Faustregel: Jede Person benötigt einen Platz von ca. 70 cm. Einen „Test am Tisch" kann man gut zu zweit durchführen, indem man sich rundherum auf alle Plätze nebeneinander setzt. Dieser Test gibt Gewißheit, daß jeder Gast ausreichend Bewegungsfreiheit hat.

Die Frage nach zusätzlichen Stühlen lösen Sie, indem Sie Freunde um Klappstühle bitten. Laden Sie oft Gäste ein, dann lohnt sich der Kauf einiger Papierhocker. Sie sind stabil und können auseinandergefaltet gut verstaut werden.

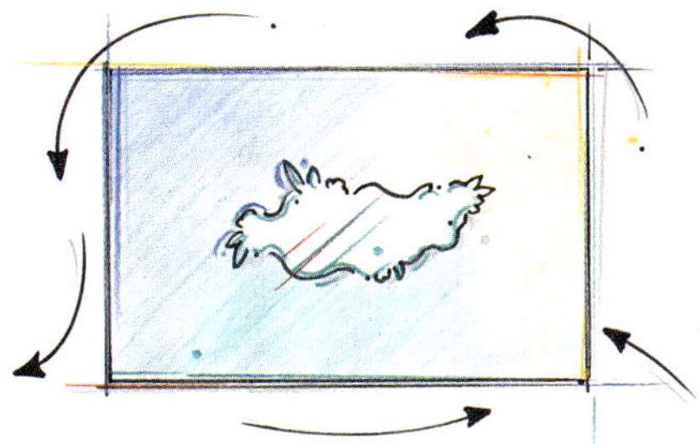

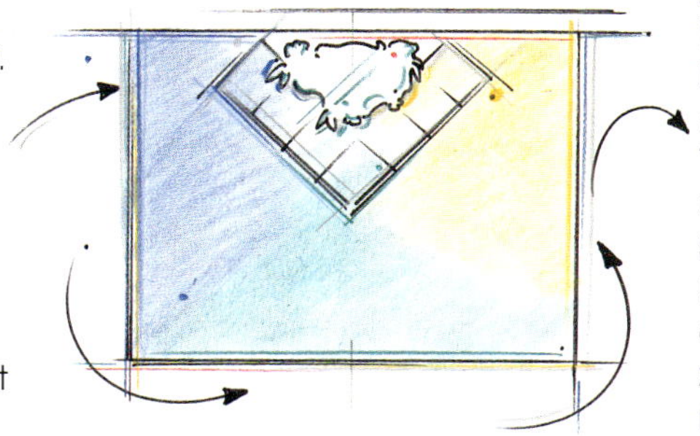

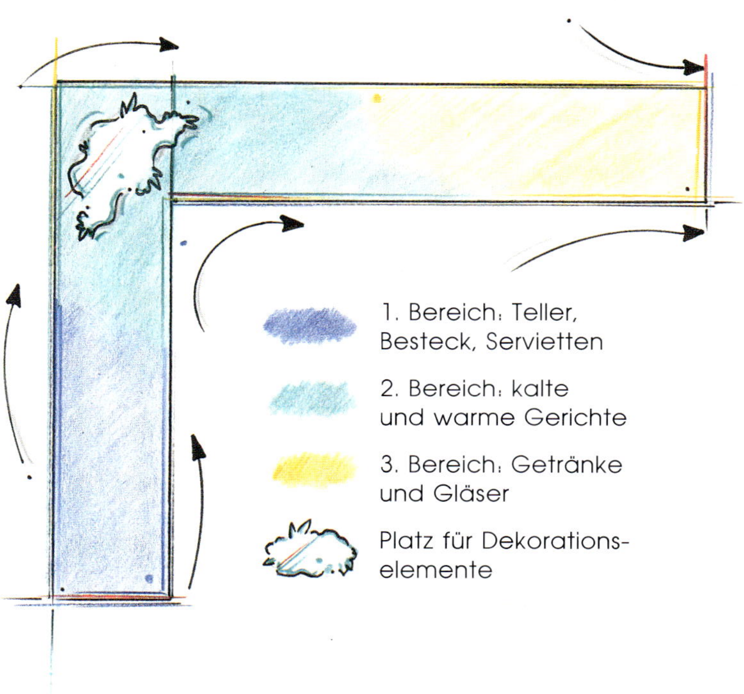

Auch wenn er einigen Raum in Anspruch nimmt, so ist ein Beistelltisch sehr nützlich. Er bietet Platz für alles, was im Verlauf des Essens zusätzlich gebraucht wird, zum Beispiel Weinkühler, Korkenzieher und Stövchen zum Warmhalten der Speisen. Alle Gerätschaften können Sie so vorzeitig bereitstellen.

Um unliebsame Überraschungen zu vermeiden, sollten Sie das Menü – bei einem Büfett die Menge der Gerichte – festlegen und überprüfen, ob ausreichend Teller, Schüsseln, Platten, Gläser und Bestecke für die geplante Speisenfolge vorhanden sind. Unter Umständen ergibt es sich, daß Sie das Menü oder die Anzahl der Gäste noch variieren müssen.

Das **Büfett** ist eine besondere Art der Bewirtung, da sich viele Gäste gleichzeitig bedienen können. Die Speisen lassen sich gut vorbereiten, Gastgeber und Gastgeberin müssen sich während des Festes kaum um die Bewirtung ihrer Gäste kümmern. Ein Büfett bietet sich bei vielen Anlässen an, beispielsweise bei einer Cocktailparty, einem Brunch, einem Geburtstag oder einem Firmenjubiläum. Beachten Sie beim Aufbau des Büfetts, daß für den Weg der Gäste zum und vom Büfett genügend Platz vorhanden ist. Der Büfettisch sollte nicht breiter sein als 1,50 m, damit Platten und Schüsseln leicht erreichbar sind. Den Büfettisch, auf dem alles bereit steht, teilen Sie am

besten in drei Bereiche auf. Erster Bereich: Teller aller Größen, Bestecke, Servietten. Zweiter Bereich: alle Gerichte, ob warm oder kalt. Natürlich immer das nebeneinander, was auch gut zusammen schmeckt; dazu das entsprechende Gerät wie Vorlegebesteck, Salatbesteck, Käse- oder Brotmesser. Dritter Bereich: Getränke, Gläser, Wein- und Sektkühler, Eiswürfel (im Kühler mit Zange), Flaschenöffner, Korkenzieher. Alles sollte in Reichweite sein.

Hat man genügend Platz, rückt man einen großen Tisch in den Raum, so daß er von allen Seiten zugänglich ist. Ansonsten plant man eine Gästeschlange ein, die sich nacheinander an den drei Bereichen vorbeibewegt. Haben Sie sich für ein Büfett entschieden, sollten Sie zum Essen ausreichend Sitzplätze einplanen.

Das Ambiente

Glitzernde Festatmosphäre weckt die Vorfreude und läßt eventuelle Anspannungen schmelzen. Kerzenlicht, Wein in Karaffen, Blumentuffs etc. stimmen die Gäste auf kommende Genüsse ein. Alles, was Sie zum Schmücken des Tisches und des Raumes benötigen, können Sie auf Flohmärkten, in diversen Geschäften, aber auch bei einem Spaziergang oder sogar auf Ihrem Speicher finden.

Der Anlaß des Festes ist der Aufhänger für die Tischdekoration. Wollen Sie beispielsweise zum Ernteessen im Spätsommer einladen, lachen Ihnen auf dem Markt die schönsten Früchte und auch reichlich Gemüse entgegen. Beides kann als Dekoration dienen und gleichzeitig Nachtisch sein. Dazu paßt ein erdfarbenes, natürliches Material wie Jute für Tischdecke und Servietten. Kombinieren Sie damit Porzellan, Glas und Besteck mit eben diesen Eigenschaften. Dieses Arrangement vermittelt auf den ersten Blick das Gefühl von Spätsommer, Erde und Natur.

Eine Cocktailparty verlangt nach ganz anderen Stilmitteln. Lassen Sie es glitzern und leuchten. Durch die bunten Strohhalme, die verschiedenen farbigen Drinks in den Gläsern und durch die Gerätschaften zum Mixen entsteht echte Baratmosphäre.

Versenden Sie schriftliche Einladungen und verwenden Tisch- und Menükarten, dann sollten diese in Material, Form und Farben zur Dekoration passen.

Das Menü

An einem lauschigen Sommerabend wird wohl kaum jemand Schmorbraten oder im Dezember Erdbeerparfait anbieten. Die Jahreszeit sollte beim Festlegen der Speisenfolge unbedingt berücksichtigt werden. Lassen Sie sich schon bei der Planung des Festes auf dem Wochenmarkt inspirieren, und kombinieren Sie diese Ideen mit den Angeboten des Metzgers oder des Fischhändlers. I-Tüpfelchen der Dekoration sind Blüten der Saison, die Sie beim Anrichten der Speisen und beim Eindekken des Tisches gleichermaßen üppig verwenden. Eßbar und sehr eindrucksvoll sind beispielsweise Kapuzinerkresseblätter und -blüten, Borretsch-, Schnittlauch-, Phlox-, Magnolien-, Calendula-, Hemerocallis-, Rosen- oder Tulpenblüten.

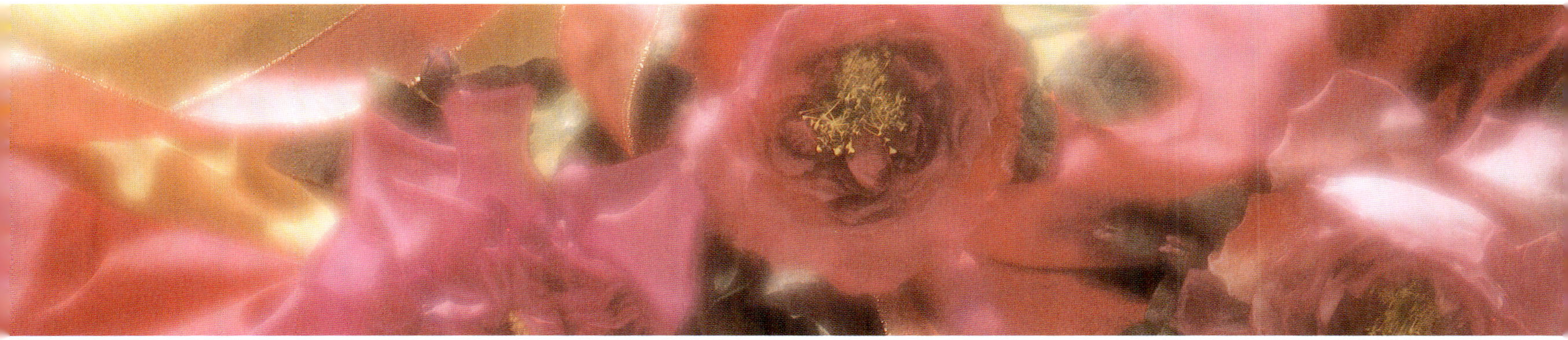

Die Tischordnung

Im Hause der Gastgeber hat die traditionelle Tischordnung heute nur noch begrenzte Bedeutung. Die Gastgeber plazieren ihre Gäste nach der Überlegung, ob die Tischnachbarn gemeinsame Themen haben könnten, das heißt, ob sie sich gut verstehen. Beispielsweise gelingt es einem aufgeschlossenen Gast ganz bestimmt, mit einem etwas schüchternen Tischnachbarn ins Gespräch zu kommen. Ausländische Gäste setzt man möglichst mit jemandem zusammen, von dem bekannt ist, daß er wenigstens ein paar Worte in der entsprechenden Sprache spricht.

Vorbereitet wird die Sitzordnung durch Tischkärtchen, aber ebensogut können die Gastgeber den Gästen die Plätze zuweisen. Sind viele Kinder auf einem Fest, und möchte man sie nicht verteilt zwischen die Erwachsenen plazieren, empfiehlt sich ein extra Kindertisch. Ein oder zwei ältere Verwandte setzt man dazu, die für Frieden am Tisch sorgen.

Die konventionelle Tischordnung strukturiert sich, auf einen Nenner gebracht, um den oder die Ehrengäste und den Gastgeber bzw. die Gastgeberin. Beim großen Festessen (oben links) sitzen sich Gastgeberin und Gastgeber (gelb) gegenüber. Das kann an den Tischbreiten oder an den Längsseiten des Tisches sein. Ehepaare (flieder, türkis, grün, violett) sitzen eigentlich getrennt. Doch heute dürfen sie durchaus auch nebeneinander Platz nehmen. Nach deutscher Sitte sitzt der männliche Ehrengast (flieder) links neben der Hausherrin, der weibliche (türkis) an der rechten Seite des Hausherrn. Insgesamt haben sich die Regeln soweit gelockert, daß die Gäste, auch einzeln geladene, mehr nach Interessen, die sie verbinden könnten, zusammengesetzt werden als nach Rang und Würde. Ehrengäste sind das Geburtstagskind, der Abiturient, der Jubilar, also die Person, zu dessen Ehre das Essen gegeben wird.

Nach internationaler Sitte ist der Platz für den männlichen Ehrengast rechts neben der Gastgeberin, der für den weiblichen Ehrengast rechts neben dem Gastgeber. An einer Hochzeitstafel (oben rechts) werden Ehepaare getrennt plaziert, mit Ausnahme des Brautpaares. Rechts von der Braut sitzt der Vater des Bräutigams mit der Brautmutter, links vom Bräutigam seine Mutter mit dem Vater der Braut als Tischherrn. Im Anschluß an die Brauteltern sitzen die Großeltern und dann, gestaffelt nach Alter, der engere Freundeskreis beider Familien. Nach den verheirateten Paaren folgen die Verlobten, die nebeneinander plaziert werden. Den Abschluß bilden Jugendliche und Kinder.

Eine runde Tischform fördert die Atmosphäre eines geselligen Essens. Daß dort keine Rangordnung herrscht, wirkt sich offenbar positiv auf die Stimmung aus. Außerdem kann sich jeder mit jedem unterhalten, und es ergeben sich interessante Gespräche, an denen alle teilnehmen können.

Die Ausstattung

Trotz phantasievoller und ansprechender Dekoration darf das Wichtigste, das sogenannte Tischgerät, nicht vergessen werden.

Porzellan, Glas und Besteck sind in jedem Haushalt in verschiedenem Umfang und teils auch in unterschiedlichster Zusammensetzung vorhanden. So gibt es oft ein (fast komplettes) Festtags- und ein Alltagsservice. Auch bei Glas und Besteck wird häufig zwischen dem „guten" und dem „für alle Tage" unterschieden.

Auf den folgenden Seiten erhalten Sie einen Überblick über die wichtigsten Grundformen und einige wesentliche Zusatzteile des benötigten „Inventars". Sie können sich daran orientieren, welche Teile als Grundausstattung sinnvoll sind und welche nur bei besonderen Anlässen benutzt oder für spezielle Gerichte gebraucht werden.

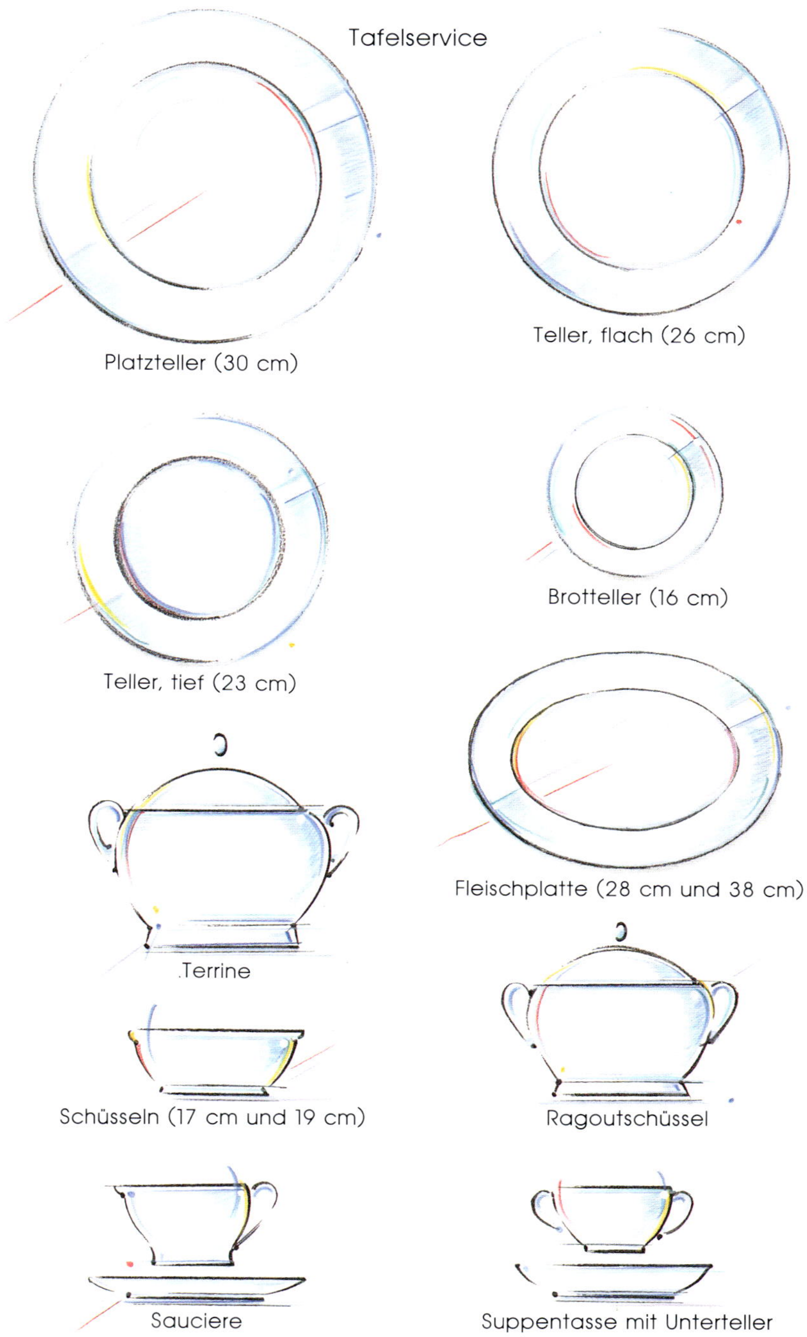

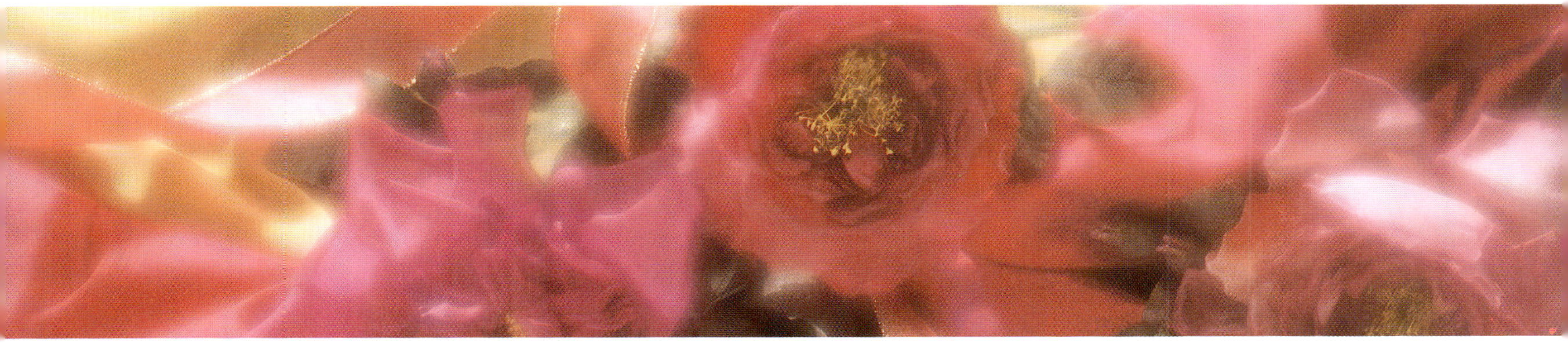

Porzellan

Das richtige Porzellanservice, das Ihnen lange gefallen wird, zu finden, ist nicht so leicht. Wer die Wahl hat, hat die Qual! Eine Entscheidungshilfe kann sein, ob Sie ein Service für jeden Tag oder eines nur für festliche Anlässe auswählen wollen.

Versichern Sie sich beim Kauf, daß Ihr auserwähltes Geschirr garantiert viele Jahre nachzukaufen ist. Erstens gibt Ihnen dies die Möglichkeit, Teile nach und nach zu ergänzen. Zweitens können zerbrochene Teile problemlos ersetzt werden. Achten Sie darauf, daß Service mit Dekor für die Reinigung in der Spülmaschine geeignet sind. Fragen Sie in jedem Fall nach.

Kaufen Sie zunächst die Teile (Grundausstattung), auf die Sie nicht verzichten können. In der Praxis hat es sich heute allgemein eingebürgert, fast alle Gerichte, auch das Dessert, auf großen Tellern, es dürfen sogar Platzteller sein, zu servieren. Somit bietet sich also an, zu Beginn ausreichend große Teller zu kaufen

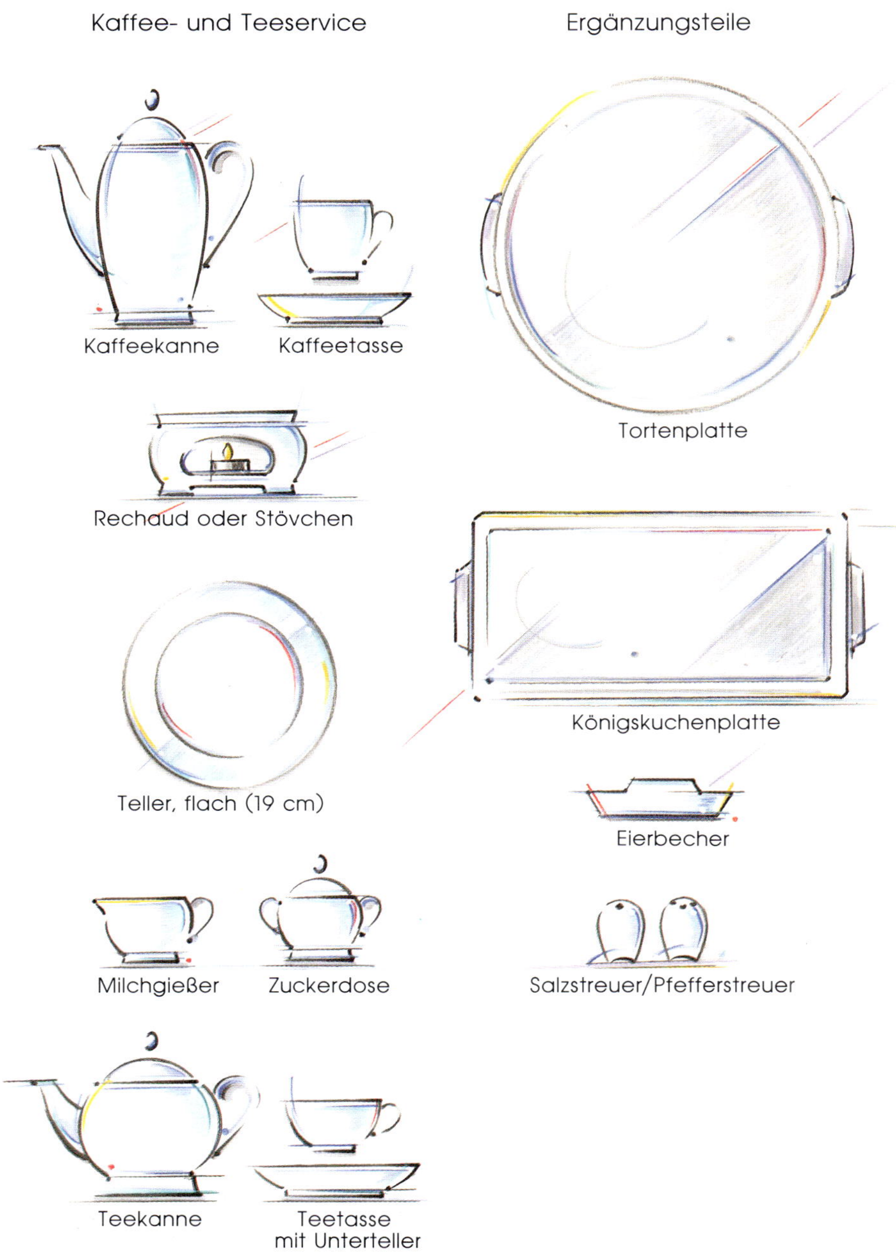

Besteck

Wenn Sie sich für ein neues Besteck begeistern, sind beim Kauf einige Punkte zu beachten. Bestecke, die aus unterschiedlichen Materialien bestehen, das heißt, wenn die Griffe aus Holz, Porzellan oder Keramik sind, dürfen die Teile nicht in der Spülmaschine gespült werden. Nach und nach können sich die Griffe lösen. Dies gilt auch für antikes Silberbesteck, das Sie vielleicht auf dem Flohmarkt oder bei einer Versteigerung erworben haben. Ein Tip: Der Glanz des Silberbesteckes bleibt erhalten (sofern es zu den spülmaschinenfesten gehört), wenn Sie es zum Spülen in eine „Silberglanzkassette" geben, das ist ein Zusatzteil zur Spülmaschine. Die Basismesser, -gabeln und -löffel werden in drei Größen angeboten: Die Tafelausführung ist groß und schwer. Vorgezogen wird heute die Menüform, eine mittlere Größe, die angenehm in der Hand liegt. Die Dessertmesser, -gabeln und -löffel, die kleinste Form, dienen gleichzeitig als Vorspeisebesteck. Eine weitere Überlegung ist, welche Teile Sie als Grundausstattung brauchen und welche Sie nach und nach anschaffen können.

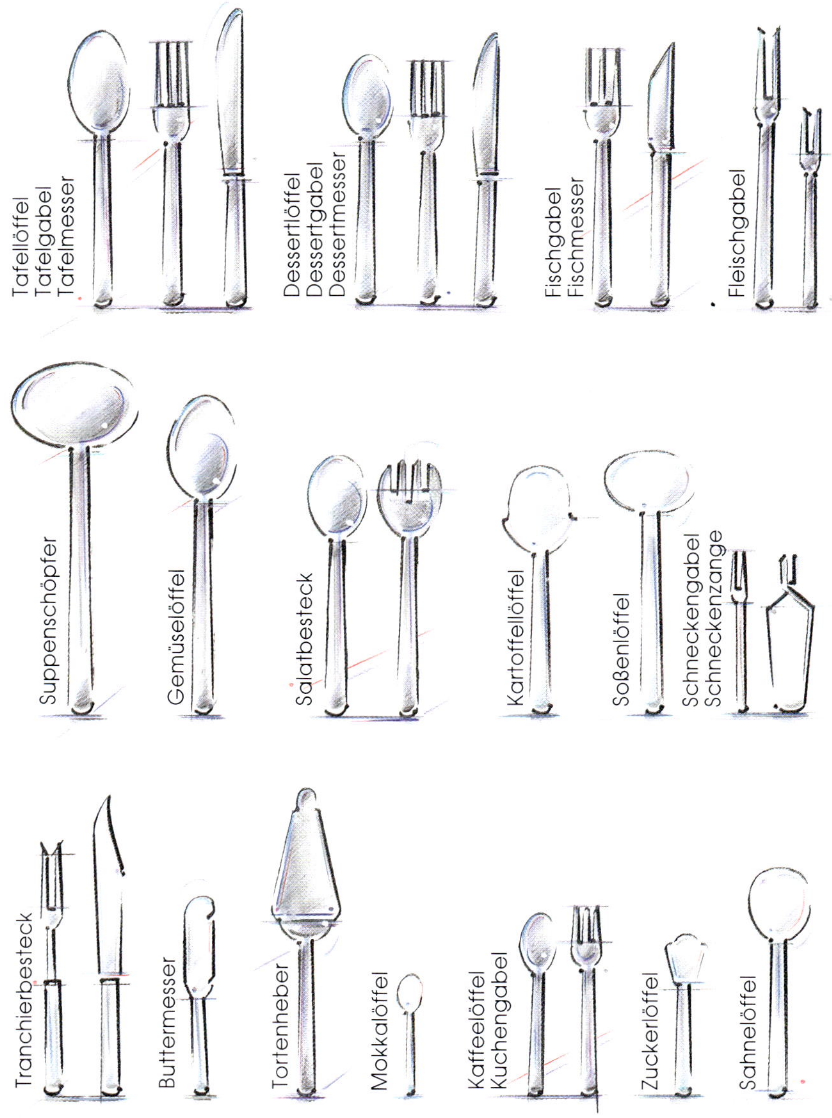

Gläser

Für jedes Getränk gibt es ein Glas, in dem der charakteristische Geschmack der Flüssigkeit besonders gut zur Entfaltung kommt. Einige Formen, zu denen Weißwein- und Rotweinglas, Sektkelch oder -schale, Wasser-, Schnapsglas und Likörglas, Biertulpe und Cognacschwenker gehören, reichen als Basis aus. Beim Kauf ist zu beachten, daß die Gläser gut stehen und angenehm in der Hand zu halten sind.

Fragen Sie nach, wie lange Sie eine Serie nachkaufen können. Es wird empfohlen, Bleikristallgläser, alte bleifreie Gläser und auch Gläser mit Goldauflage nicht in der Spülmaschine zu reinigen. Spülen Sie sie zunächst in lauwarmem Wasser mit Spülmittel, dann in heißem, klarem Wasser nach. Nach dem Abtropfen trocknen Sie sie mit einem nicht fusselnden Tuch (Leinentuch) ab.

Checklisten

Haben Sie zu jedem der sieben Stichwörter im Übersichtsplan einige Worte notiert, sollten Sie konkrete Checklisten erstellen.

Checkliste 1 – Der Terminplan

In den Terminplan tragen Sie jeweils das Datum ein, an dem Sie den entsprechenden Punkt erledigen wollen. Sie können die unten aufgeführte Checkliste fotokopieren und anschließend die von Ihnen nicht benötigten Punkte herausstreichen. Sollte sich die Reihenfolge der Stichpunkte als für Ihre Zwecke ungeeignet erweisen, stellen Sie sie um, und ergänzen Sie die Liste, falls nötig.

- Restaurant, Saal oder sonstige Örtlichkeit reservieren
- Einladungen schreiben
- Einladungen wegschicken
- Gäste anrufen
- Tischkarten schreiben
- Menükarten schreiben

- Liste aller Dekorationsmittel aufstellen
- Dekorationsteile vorbestellen
- Dekorationsteile einkaufen
- vorbereitende Deko-Arbeiten ausführen
- Blumen vorbestellen
- „Leihpflanzen" organisieren (Gärtnerei)

- Lebensmittelliste entsprechend den Rezepten aufstellen
- Lebensmittel vorbestellen
- Lebensmittel einkaufen
- vorbereitende Zubereitungsarbeiten ausführen

- Getränkeliste aufstellen
- Faßbier, Zapfanlage und andere Getränke vorbestellen (Getränkehandel, Bierverlag)

- Musikprogramm zusammenstellen
- eventuell fehlende Musikstücke ausleihen oder kaufen
- Musikgruppe buchen (Musikkapellen und -übertragung)

- Stühle organisieren (Partyservice, Nachbarn)
- Stühle abholen
- Tischplatte, Tischböcke ausleihen oder kaufen
- Tische ausleihen (Partyservice, Nachbarn)

- zusätzliche Tischdecken bei Freunden leihen
- Geschirr, Gläser, Besteck ausleihen (Freunde, Partyservice, Geschirrverleih)

- Sonnenschirme, Zelt leihen (Partyservice, Zeltverleih)
- Für Toilettenhäuschen (Toiletten) sorgen
- Stangen- oder Trockeneis besorgen

- Taxi vorbestellen (Kurierdienste)

Checkliste 2 – Die Gästeliste

Stellen Sie eine Gästeliste auf, auf der Sie dann auch notieren, wer zu- und wer absagt. Das Erstellen einer zusätzlichen „Wunschgästeliste" hat sich bewährt. Sagt jemand ab, ergibt sich die Chance, diese Wunschgäste doch noch einzuladen. Laden Sie oft und gerne ein, so ist ein Buch recht praktisch, in dem Sie vermerken, welche Gäste wann mit wem zusammen eingeladen wurden, welches Menü es gab und wie der Tisch geschmückt war. Alle werden Sie bewundern, wenn Sie immer andere Überraschungen zaubern.

Das Einmaleins des Tischdeckens

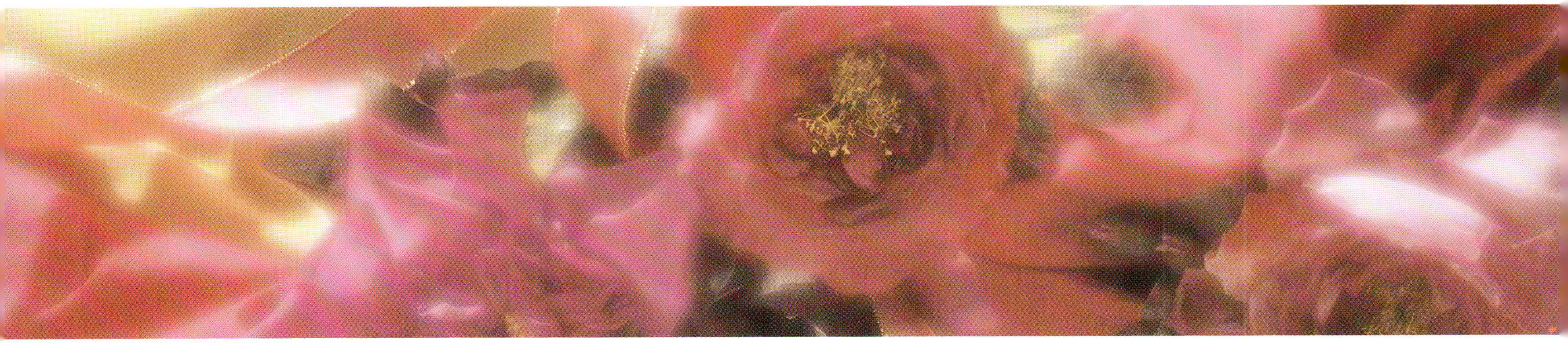

Checkliste 3 – Die Dekoration

Gehen Sie Ihre Dekorationspläne im Geiste durch, und fertigen Sie gegebenenfalls eine kleine Skizze an. Notieren Sie jedes Detcil auf der Liste und seien es auch nur Stecknadeln, Streichhölzer, Aschenbecher oder Eiswürfel. So ersparen Sie es sich, diese Dinge während der Feier umständlich zu beschaffen.

Checkliste 4 – Die Speisen und die Getränke

Entsprechend Ihrer Rezeptauswahl listen Sie alle Zutaten und Getränke auf. Planen Sie den Einkauf dieser Sachen an den Tagen, an denen Sie sie benötigen. Oft empfiehlt es sich, Obst, Gemüse, Fleisch oder Fisch vorzubestellen.

Das wohlgefällige Arrangement von Porzellan, Glas, Besteck, Tischdecke und Servietten bildet das Fundament für den schön gedeckten Tisch.
Doch zunächst eine Frage. Reicht denn die Größe des Tisches? Rechnen Sie für jeden Gast etwa 70 cm in der Breite (von der Mitte des Gedeckes ausgehend) und etwa 40 cm Tiefe des Tisches. Nun folgt als nächster Schritt das Auflegen eines Moltons. Darauf legen Sie das Tischtuch. Sollte es zu lang sein, schlagen Sie es nach Innen ein. Ist es zu kurz, nehmen Sie mehrere gleiche Tücher. Damit die Tischdecke nicht verrutscht, Spalten zwischen mehreren Tischen gut abgedeckt sind und die Tischplatte geschont wird, legen Sie unter die Decke ein Moltontuch (in der Größe der Tischdecke). Sie erhalten spezielle (Tisch-) Moltonunterlagen in den Fachabteilungen der Warenhäuser. Die Ränder des Tuches mit einem Gummiband säumen oder an den Ecken Wäscheband befestigen, damit Sie die Unterlage an den Tischbeinen festbinden können. Einen runden Tisch können Sie ebensogut mit einem quadratischen Tuch eindecken. Die Tischdecke sollte möglichst 10 cm über die Tischkante fallen. (Kaufen Sie Molton etwa 70 cm länger als die Tischlänge, denn er läuft stark ein. Waschen Sie ihn deshalb auch vor dem Umnähen).

Tischdecke – ja oder nein?

Der Untergrund für das Tafelgerät kann sehr verschieden sein. Fest steht aber, er ist die wichtigste Komponente aller Schmuckelemente. Ob nun aus Holz, Marmor, Damast, Jute, Goldstoff, Nessel oder Rosenblättern, oder ausgebreiteten Flimmersternchen, immer bildet er die Basis für das Tischtheater. Deshalb stimmen Sie den Untergrund und die Farben des Porzellans möglichst aufeinander ab.

Mit dem Wechsel des Untergrundes bekommt der Tisch ein ganz anderes Gesicht.
Edle Tischwäsche hat eine unvergleichliche Ausstrahlung, jedoch werden neuerdings auch die ungewöhnlichsten Materialien als Tischdecke verwendet. Auch das Wachstuch kommt in ganz neuen Farben wieder zu Ehren. „Gutes" Porzellan wird aber immer noch mit einer edlen Tischdecke kombiniert, denn beides ergänzt sich bestens.

Die nachfolgenden Zeichnungen dienen als Anleitungen, wie ein Platz richtig eingedeckt wird. Die Gastronomie richtet sich exakt danach. Sie können die Anordnung von Glas, Porzellan und Besteck so übernehmen oder entsprechend ihren Vorstellungen, Ihrer Ausstattung oder den Platzmöglichkeiten abwandeln.

Beginnen Sie mit dem Platzteller oder dem Teller für den Hauptgang, der im Abstand von 2 cm von der Tischkante steht. Wärmen Sie die Teller vor, liegt die Serviette anstelle des Tellers. Das Besteck decken Sie von innen nach außen entsprechend der Speisefolge. Neben dem Teller liegt also das Menübesteck für den Hauptgang. Legen Sie den Suppenlöffel rechts vom Menümesser

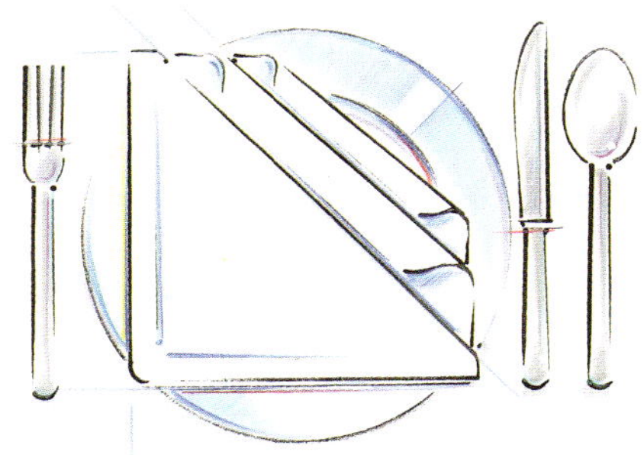

Für die Vorspeise folgt rechts vom Suppenlöffel ein Dessertmesser, links von der Menügabel eine Dessertgabel.
Wenn Sie Brot und Butter servieren, steht links von den Gabeln ein Brotteller mit einem Dessertmesser.
Für die Nachspeise liegt oberhalb des Gedeckes das Dessertbesteck. Der Löffel mit dem Stiel nach rechts, die Gabel mit dem Stiel nach links

Servieren Sie vor der Suppe Fisch, liegt anstelle des Vorspeisebestekkes das Fischbesteck.
Auch die Gläser werden von innen nach außen gedeckt.
Das Glas für das Getränk zum Hauptgang hat seinen Platz etwa 1 cm über der Messerspitze des Menümessers

Das Glas zur Vorspeise steht rechts unten vom Glas zum Hauptgang, das Glas zum Nachtisch steht meist hinter den beiden.
Es gibt verschiedene Möglichkeiten, die Gläser zu arrangieren. Steht genügend Platz zur Verfügung, reihen Sie die Gläser entsprechend der Getränkefolge (Zeichnung). Wenn wenig Platz ist, stellen Sie sie im Block. Die Bestecke liegen so, daß sie in der Reihenfolge der Speisen von außen nach innen aufgenommen werden können. Auch Sonderteile, wie Schneckengabel und -zange fügen Sie entsprechend der Speisenfolge ein

Zum Frühstück decken Sie den Platz mit einem kleinen Teller, einer Kaffee- oder Teetasse mit Unterteller, einem Eierbecher, einem Messer, einer Gabel, einer Serviette und vielleicht einer Müslischale

Servietten

Der klassisch gedeckten Tafel setzen kunstvoll gefaltete Servietten aus Leinen- oder Baumwolldamast das glanzvolle I-Tüpfelchen auf. Die Tücher sollten eine Größe von etwa 50 x 50 cm haben, nach dem Waschen mittelsteif gestärkt und sorgfältig gebügelt sein. Papierservietten können Sie ebensogut falten, wenn sie die richtige Größe haben.

Achten Sie beim Kauf von Papierservietten darauf, daß Größe und Qualität zum Verwendungszweck passen. Zum Frühstück genügen Servietten in der Größe 33 x 33 cm. Auf einer Kaffeetafel sehen duftig gefaltete Japanservietten gut aus, kleine Cocktailservietten genügen hingegen, wenn beim Sektempfang Kanapees gereicht werden.

Ist der Tisch sehr aufwendig dekoriert, reicht es, wenn Sie die Servietten nur zweimal zusammenschlagen. Das Serviettenfalten sieht auf den ersten Blick komplizierter aus, als es ist. Versuchen Sie's einfach!

Bischofsmütze

Legen Sie die Serviette mit der linken Seite nach oben vor sich hin. Falten Sie die Serviette in der Mitte nach oben.

Nun falten Sie die linke obere Ecke zur Mitte nach unten und die rechte untere Ecke zur Mitte nach oben, so daß eine Raute entsteht.

Drehen Sie diese um, so daß die Dreiecke nach unten liegen. Falten Sie anschließend die Raute in der Mitte nach oben. Ziehen Sie dabei die linke und die rechte Spitze heraus, so daß beide nach unten überstehen.

Das rechte Dreieck wird über die Oberkante nach vorn übergeschlagen. Die Falten alle fest andrücken.

Drehen Sie die Serviette um, und stecken Sie die Ecken ineinander.

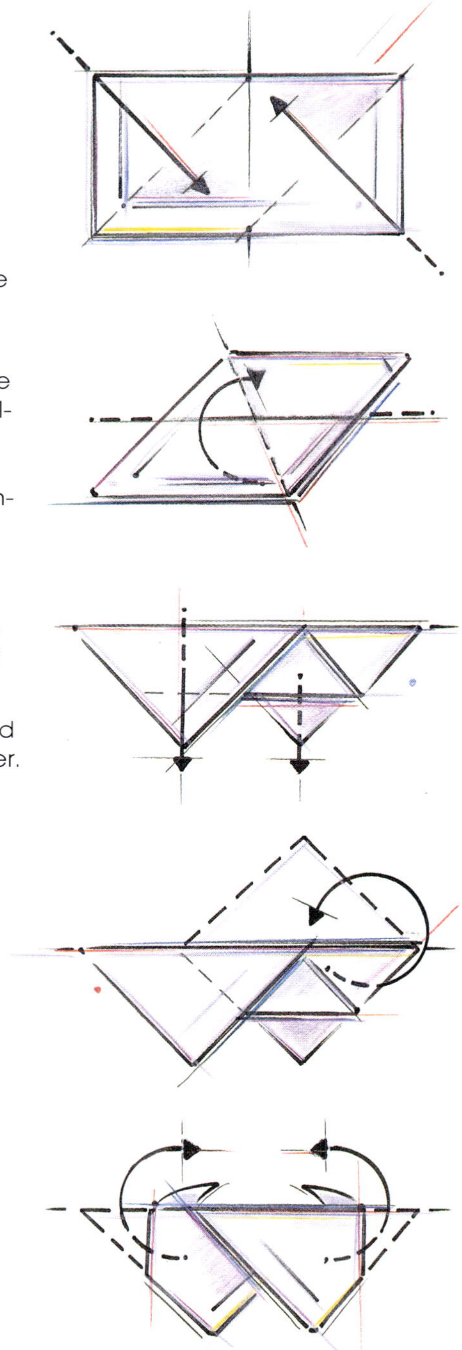

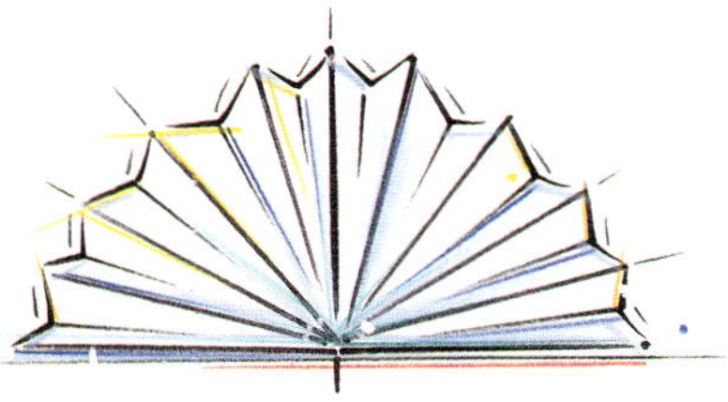

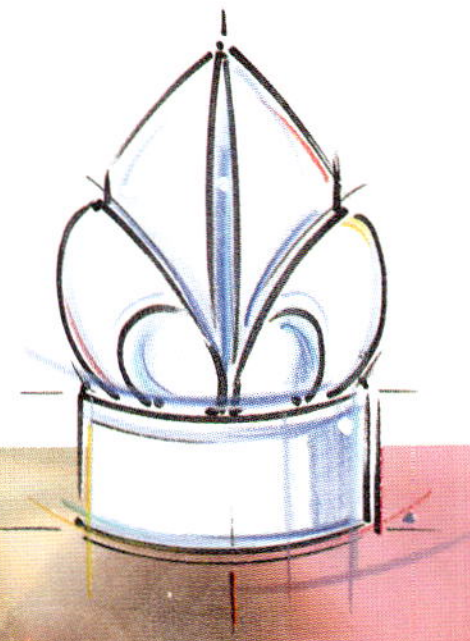

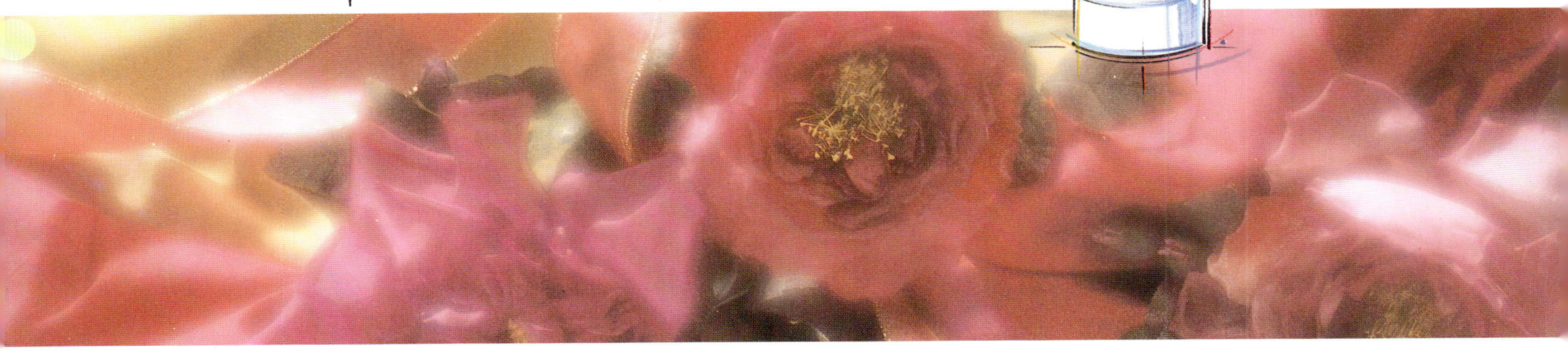

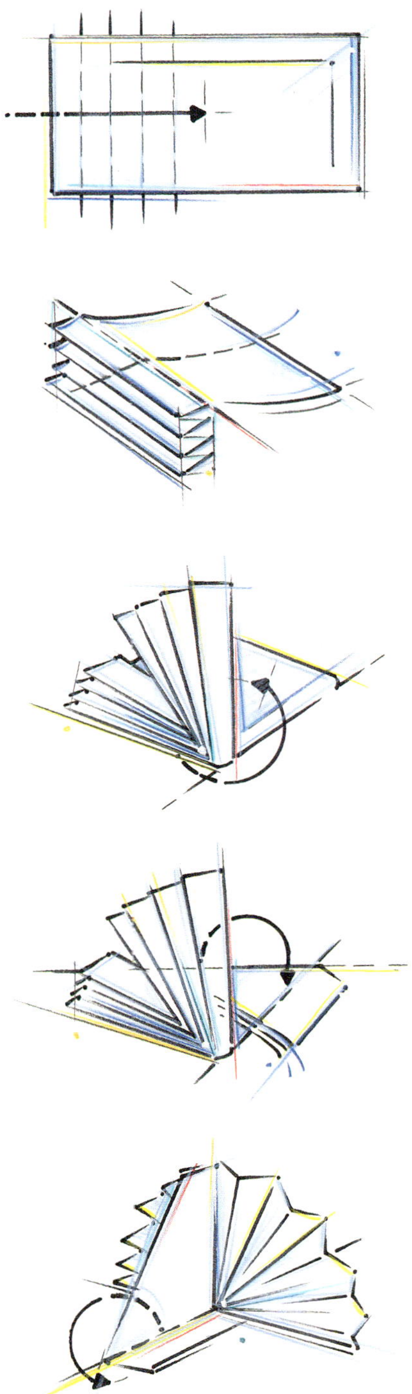

Stehender Fächer

Legen Sie die Serviette mit der linken Seite vor sich hin, und falten Sie diese in der Mitte nach oben.

Drehen Sie die Serviette, und legen Sie die schmale Seite bis auf ein Drittel in gleichmäßige, etwa 2 cm breite Falten.

Wenden Sie die Serviette, so daß der ungefaltete Teil rechts vor Ihnen liegt. Knicken Sie nun den gefalteten Teil in der Mitte nach oben ein. Falten Sie den glatten Teil diagonal nach unten.

Schlagen Sie den überstehenden Teil nach hinten ein. Das glatte Stück dient als Ständer, wenn Sie den Fächer, der sich von alleine öffnet, hinstellen.

Lilie

Legen Sie die Serviette mit der linken Seite nach oben auf die Spitze. Klappen Sie die obere Spitze nach unten.

Falten Sie die beiden äußeren Spitzen nach unten, und klappen Sie sie wieder nach oben. Falten Sie die Spitze des unteren Teiles nach oben und die Spitze davon wieder nach unten. Ziehen Sie diesen gefalteten unteren Teil bis zur Mitte hoch.

Biegen Sie die äußeren Ecken nach hinten, und stecken Sie sie dort zusammen.

Ziehen Sie die beiden Spitzen links und rechts herunter, und stecken Sie sie in den Rand.

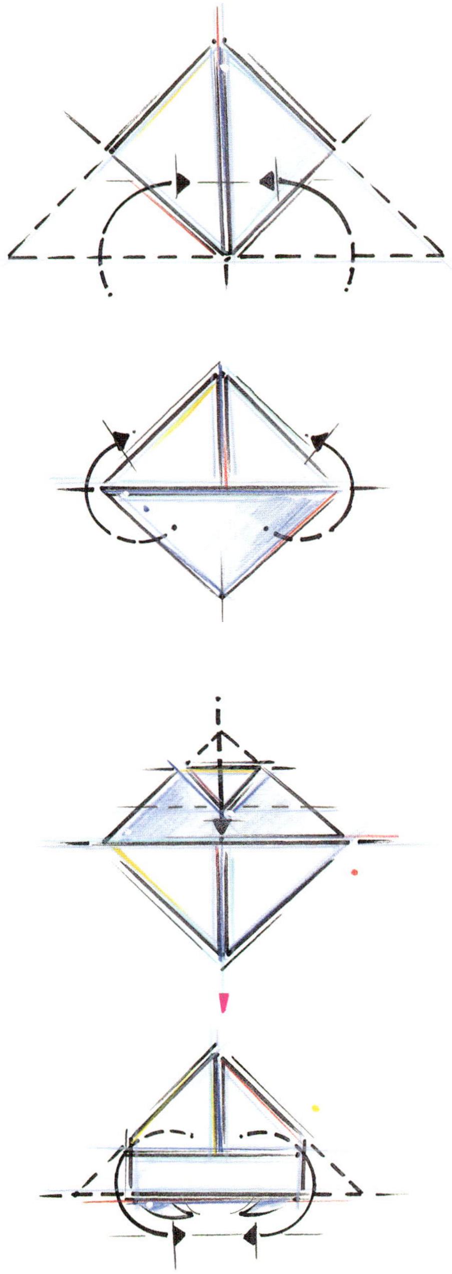

Wichtige „Kleinigkeiten"

Neben den bislang aufgeführten entscheidenden Komponenten, die bei einer Einladung berücksichtigt werden müssen, gibt es aber auch noch eine Reihe von Faktoren, die zum Gelingen der Feierlichkeit nicht unwesentlich beitragen.
Nicht nur die Beleuchtung des Raumes und des Tisches, auch die Farben der Dekoration dienen dem Wohlbefinden der Gäste. Ebenso sind Musik als auch die Anzahl der Gäste keine Nebensache. Werden alle diese „Kleinigkeiten" mit der Ausstattung in Einklang gebracht, ist eine angenehme Atmosphäre garantiert.

Die Farbgestaltung

Eine wichtige Grundregel lautet, mit Farben und Formen behutsam umzugehen. Am besten lassen Sie sich von einer oder maximal zwei Farben leiten und stimmen alles weitere darauf ab. Greifen Sie zum Beispiel eine Farbe aus dem Porzellandekor heraus, wählen Sie dazu den farblich passenden Untergrund und die Servietten, den Blumenschmuck und alles weitere. Umgekehrt können Sie sich von der Blumenfarbe, der Farbe einer Jahreszeit („Frühling läßt sein blaues Band ...") oder einfach nur von einer Laune („I feel so blue ...") leiten lassen. Wichtig ist, kein wildes Gemisch zu kreieren. Es sei denn, Sie möchten bewußt ein solches erzielen. Es wirkt allerdings nur, wenn Sie richtig übertreiben! Der Tip für die einfachste aller Dekorationsideen ist deshalb: Verfolgen Sie konsequent einen einzigen Geistesblitz.

Dazu ein Beispiel: Während eines Kaffeetrinkens im Garten fällt zufällig ein Blatt aus dem Baum auf den Tisch. Sie bemerken, wie gut es auf dem Tisch aussieht. Vielleicht übersäen Sie dann Ihren nächsten Kaffeetisch in der Wohnung mit Blättern aus dem Garten. Mit der einfachen Übertreibung der Blätteranzahl haben Sie der Kaffeetafel den Charme des Gartentisches verliehen!

Für Blumenschmuck und auch jegliche andere Art von Dekoration auf dem Eßtisch gilt die Regel: begrenzen Sie die Höhe des Arrangements. Jeder Gast sollte möglichst ohne Verrenkungen seinem Gegenüber in die Augen sehen können und nicht nur vermuten, wer hinter dem zwar wunderschönen, jedoch störenden „Gebüsch" lacht.

Noch ein Wort zur Tischdecke, die ja meist farbliche Hauptkomponente ist. Die Beispiele im Galerieteil zeigen, daß nicht immer ein edles Tischtuch als Untergrund erforderlich ist. Gerade, wenn Sie das „Festtagsporzellan" mal anders in Szene setzen wollen, bietet es sich an, den Untergrund zu wechseln. Zum Beispiel können Sie ein Stück Stoff passend zur Hauptfarbe des Porzellandekors im Ausverkauf erstehen und als Tischdecke verwenden. Bei Bedarf die Schnittkanten des Stoffes säumen. Wandert der Stoff danach in die Faschingskiste, so genügt es, die Ränder mit Klebeband zu fixieren.
Oder Sie bemalen die Tischdecke passend zum Dekor („Spiel mit Mustern"). Kurz nach dem Umzug oder einfach aus purem Spaß, ersetzen Sie die Tischdecke durch Geschenkpapier („Nachmittag der offenen Tür"), durch eine selbstbemalte Papiertischdecke („Die Insel läßt grüßen") oder durch Jute („Gartenfest in der Wohnung").

Das Licht

Einer der ausschlaggebendsten Faktoren für die Raum- und Festatmosphäre ist das verwendete Licht. Im Raum sorgen Kerzen und gedämpftes Licht für eine warme Stimmung. Achten Sie darauf, daß Lampen nicht blenden. Auf dem Tisch dürfen weder Kerzen noch Leuchter den Blick zum Gegenüber versperren. Verwenden Sie schlanke, hohe Leuchter, damit die Kerzen über Kopfhöhe scheinen. Ist dies durch eine herabhängende Lampe nicht möglich, sollten Sie diese mit sanftem Licht bestücken und im Raum viele Kerzen brennen lassen.

Blauer Himmel und strahlender Sonnenschein ist durch nichts zu ersetzen. Leider können Sie beides nicht zum richtigen Termin fest buchen. Deshalb sollten Sie möglichst für einen regensicheren Unterschlupf sorgen und auch dort nicht auf die anheimelnde Wärme von Kerzen, Petroleumlampen oder Fackeln verzichten. Feste im Heuschober sind die strenge Ausnahme!

Feiern Sie an Sommerabenden in die Nacht hinein, stecken Sie in der Dämmerung erst ganz sparsam einzelne Windlichter an. Wenn dann gleichzeitig viele Fackeln entzündet werden, ist der Eindruck fast durch nichts zu überbieten.

Die richtige Musik

Tafelmusik ist ein Thema für sich. Während des Aperitifs, der vor dem Essen serviert wird, läßt leise Musik die Gäste gesprächiger werden. Während des Essens kann sie jedoch stören.

Aus Amerika kommt eine neue Musikedition auf CD und Kassette, die die Entscheidung für die richtigen Klänge zum richtigen Anlaß erleichtert.

Sie nennt sich „Masterworks Dinner Classics" und bietet spezielle Begleitmusik zum Speisen; vom Frühstück im Bett bis zum Superdiner ist alles dabei.

Stellen Sie die Musik für große Feste einige Tage vorher zusammen, oder buchen Sie rechtzeitig eine Gruppe oder einen Alleinunterhalter. Da die Musik in diesem Fall doch etwas lauter ist, sollten Sie daran denken, Ihre Nachbarn in Hörweite einzuladen, oder warnen Sie sie mit einem Trostpflaster (zum Beispiel mit einer Flasche Wein) rechtzeitig vor.

Die ideale Anzahl Gäste

Immanuel Kant stellte fest, daß es für einen Philosophen ungesund sei, alleine zu essen. Er gab eine Empfehlung zur idealen Gästeanzahl für ein Essen: Es sollten nicht weniger als die (drei) Grazien und nicht mehr als die (zwölf) Musen sein. In der Tat erschöpft sich ab zwölf Personen die Möglichkeit, sich nicht nur mit seinem Tischnachbarn zu unterhalten (ohne die Stimme zu sehr zu heben).

Zudem wird es einem durchschnittlichen Haushalt auch Schwierigkeiten bereiten, alle Gäste bequem zu plazieren. Die Ausrüstung, sei es auch eine sehr professionelle, einer ebensolchen Küche wäre mit mehr Personen sicherlich auch überfordert.

Bei weniger als drei Gästen sind alle Anwesenden aufeinander angewiesen. Dadurch könnte der Gedankenaustausch und die Vielseitigkeit der Konversation fehlen, die Gäste einsilbig werden. Eine Ausnahme besteht: Der oder die Herzallerliebste ist zu Tisch gebeten. Sollte hier wirklich das Gespräch ins Stokken geraten, sorgt sanfte Musik im Hintergrund dafür, daß es nicht auffällt.

Die Getränke zur Begrüßung

Der Aperitif verkürzt die Wartezeit, zudem steht man nicht mit leeren Händen herum, bis der letzte Gast eingetroffen ist. Das Getränk macht munter und regt den Appetit an. Es eignen sich verschiedene Sorten als Aperitif, so zum Beispiel die puren, unvermischten Würz- und Kräuterweine. Wermut oder ähnliches wird mit Sodawasser, Tonic oder Gingerale serviert. Ein trockener Wermut bietet sich vor einem italienischen Essen an, mit weißem, herbem Port oder trockenem Sherry wird es englisch. Mit einem Glas Sekt oder Champagner, eventuell auch mit einfachem Weißwein, zum Beispiel ein französischer Landwein, leiten Sie direkt zum Essen über.

Umgangsformen heute

In den letzten Jahren sind Umgangsformen wieder in Mode gekommen. Gleichzeitig entfaltet sich ein neues Interesse am Zauber einer wohlgeordneten, glänzenden Tafel und den Gebräuchen, die damit verbunden sind. Tischsitten tragen dazu bei, ein Zusammengehörigkeitsgefühl zu schaffen und gleichzeitig eine höfliche Distanz zu wahren.

In der Tischordnung und in den Tischmanieren kommen über lange Zeit entstandene Riten zum Ausdruck. Die Art und Weise, wie jeder einzelne sie interpretiert und befolgt, verrät uns viel über unser Gegenüber und macht Gemeinsamkeiten deutlich, die verbinden. Diese Manieren setzen sich aus vielen verschiedenen Komponenten zusammen, die im Laufe der Erziehung von Heranwachsenden meist verinnerlicht werden. Sie führen zu einer bestimmten Einstellung zur Gesellschaft, mit der man in Harmonie leben möchte.

Teile davon sind zum Beispiel:

- Rücksichtnahme
Im Handeln sollte man die Konsequenzen für den anderen miteinbeziehen.

- Respekt
Dem Mitmenschen Respekt entgegen bringen heißt, ihn um seiner Erfahrung, seiner Qualitäten, seiner menschlichen Eigenheiten willen zu achten und ihm dies auch zu zeigen.

- Freundlichkeit
Wer seinen Mitmenschen ganz selbstverständlich freundlich begegnet, auch wenn ihm selbst eigentlich nicht danach zumute ist, läßt Spannungen gar nicht erst entstehen.

- Höflichkeit
Der Begriff, der seinen Ursprung im Rittertum hat, bezeichnet das Benehmen und Sprechen in freundlicher und guter Form.

- Selbstbeherrschung oder Contenance
Eine Geisteshaltung, die den unmittelbaren Ausdruck des Gefühls verbietet, angesichts einer Situation, die als störend empfunden wird, aber nicht zu ändern ist. Sie ist wohl eine der schwierigsten Übungen.

- Takt
Mit Einfühlungsvermögen und Höflichkeit können Situationen ohne Regeln gemeistert werden.

Die Sitten um die Tafel sind und waren Teil einer Erziehung und der sozialen Bildung, die nicht nur das Essen und Feiern in Gesellschaft zum Genuß macht. Sie haben auch die Aufgabe, das Zusammenleben in einer Gemeinschaft so reibungslos und angenehm wie möglich zu gestalten. Diese Regeln sind für den Gastgeber bestimmt, der mit seiner Einladung sich und seinen Gästen eine Freude bereiten will.

Er beginnt damit bei der Einladung, in der er genau informiert, was die Gäste zu erwarten haben. Beispielsweise geht daraus hervor, ob es ein üppiges Mahl oder nur einen kleinen Imbiß geben wird. Ob die Gäste pünktlich erscheinen sollen oder gemütlich irgendwann eintrudeln können. Auch kann eine kleine Skizze oder ein Straßenplan der Einladung beiliegen, das erleichtert den Hinweg. Ebenso erfährt der Gast, ob festliche oder legere Kleidung erwünscht wird.

Die Gäste bemühen sich ihrerseits, das Fest gelingen zu lassen. Sie richten sich nach den Informationen der Einladung, zum Beispiel erscheinen sie nicht zu früh und nicht zu spät zu einem Essen. Hundebesitzer erkundigen sich beim Gastgeber, ob sie ihren vierbeinigen Liebling mitbringen dürfen, oder ob das eventuell zu Tumulten mit anderen Haustieren führen könnte.

Beide, Gast und Gastgeber, sollten in gegenseitigem Respekt aufrichtig miteinander umgehen. Beispielsweise sollte ein Vegetarier den Gastgeber wissen lassen, daß er kein Fleisch ißt. Der Gastgeber sollte sich darauf einstellen und ihn nicht in Verlegenheit bringen. Bei einer Feierlichkeit ist es ein Gewinn für beide, wenn man zuvor vorsichtig und ohne zu verletzen ein offenes Wort redet.

Benehmen bei Tisch

„Sitz gerade" und „Hände auf den Tisch" – das in etwa beschreibt die Haltung bei Tisch in Deutschland. Die richtige und gleichzeitig bequemste Haltung am Tisch zu sitzen besteht darin, die vom Sitzmöbel angebotene Stütze zu nutzen. Sitzt man auf der gesamten Stuhlfläche und lehnt sich leicht an, gelingt es ohne Anstrengung, das Essen zum Mund zu führen und nicht umgekehrt. Die Füße stehen ganz natürlich nebeneinander und mit der ganzen Sohle auf dem Boden. Den Abstand zum Tisch richtet man sich so ein, daß die Hände bequem rechts und links vom Besteck bis zum Handgelenk aufliegen.

Der Herr hilft der Dame beim Setzen, indem er erst den Stuhl etwas zur Seite nimmt und ihn dann vorsichtig nachschiebt.

Während das Essen serviert wird, faltet man die Serviette auseinander und legt sie sich über die Beine. Es sollten möglichst alle am Tisch gleichzeitig anfangen zu essen. Ergibt es sich bei warmen Gerichten, daß einige später kommen, sollten die Anwesenden mit dem Essen beginnen dürfen. Eine Regel macht die Unsicherheit, welches Besteck zu welchem Gang gehört, zunichte: Die Bestecke werden in der Reihenfolge, in der sie gedeckt wurden, von außen nach innen benutzt. Das Besteck für das Dessert liegt quer oberhalb des Tellers oder wird mit dem Nachtisch gebracht. Auf die gleiche Weise verfährt man mit den Gläsern. Man bedient sich von außen nach innen (siehe auch die Seite 154–155). Stielgläser faßt man nur am Stiel an, dafür gibt es zwei Gründe: Einerseits behalten gekühlte Getränke die richtige Temperatur, andererseits klingen sie beim Anstoßen, vorausgesetzt, sie sind richtig, daß heißt, nicht zu voll eingeschenkt.

Der perfekte Gastgeber

Welcher Gastgeber oder welche Gastgeberin möchte nicht perfekt sein? Das ist gar nicht so schwierig, wenn man eine Feier gut vorbereitet und organisiert und zudem die hilfreichen Regeln, wie Höflichkeit und Takt, berücksichtigt.

Es soll gefeiert werden, ein Anlaß ist da, eine Idee geboren. Die Beteiligten erfahren davon durch eine Einladung. Ob mündlich oder schriftlich, Hauptsache, der Gast erfährt davon rechtzeitig, daß heißt drei bis vier Wochen vor dem Ereignis. Dieser sollte den Termin und die Vorbereitung von seiner Seite aus planen.

Die Gastgeber wissen bereits zum Zeitpunkt der Einladung, welche Art Fest es werden soll: eine große Festivität, ein Essen oder eine Cocktailparty. Sie oder er haben ein Restaurant ausgewählt, den Termin abgestimmt, den Speiseraum inklusive Mobiliar, Tafelwäsche und -gerät inspiziert oder geprüft, ob der Haushalt für die Cocktailparty ohne zusätzliche Gläser auskommen wird.

Der Gastgeber hat bereits eine Vorstellung von dem Menü, von der Tischdekoration und von der Festkleidung; er erwartet nun die Antworten auf seine Einladungen.

Die drei Karten zum Fest

Findet sich die Idee der Einladung in der Menükarte und dem Tischkärtchen wieder, ergibt sich ein harmonischer Dreiklang. Das ist durch die Verwendung der gleichen Materialien und durch ähnliche Gestaltung leicht zu bewerkstelligen.

Eine schriftliche **Einladung** wird oft nur gewählt, wenn der Anlaß eher offiziell ist, wie eine Verlobung, eine Hochzeit, eine Promotion oder ein Jubiläum. Bis zu vier Wochen vor dem Ereignis sollte sie abgeschickt werden. Eine schriftliche Einladung besitzt viele Vorteile und ist deshalb auch bei kleineren Feierlichkeiten angebracht. Sie bietet die Möglichkeit, die Gäste auf das Ambiente einzustimmen. Der Kreativität sind dabei keine Grenzen gesetzt: ein Foto, Glitzersternchen, Herbst- oder Rosenblätter können die Einladung bzw. den Umschlag schmücken. Oft kann man schon vom Äußeren der Einladung auf den Anlaß schließen. Eine Einladungskarte in Form einer knallroten Tulpe lädt zum Frühlingsfest, ein Cocktailglas zur Party, eine Erdbeere zur Bowle im Garten, das rote Herz zum Valentinsdiner à deux ein.

Mit wenigen Worten kann der Anlaß umrissen werden. Das sollte fairer Weise geschehen, auch wenn Geburtstage zuweilen gerne schamhaft verschwiegen werden. Während manche Gäste Geburtstagsgeschenke überreichen, stehen andere vielleicht verlegen daneben. Eine klare Information in der Einladung fördert die Vorfreude und die Verständigung.

Am unmißverständlichsten ist das Datum. Wenn es auch weniger romantisch klingt als „... in zwei Wochen zur mitternächtlichen Stunde." Die angegebene Uhrzeit hat ein paar Tücken. Will man sichergehen, daß die Gäste zum Essen wirklich ganz pünktlich erscheinen, erwähnt man es einfach noch einmal in der Einladung. Üblich ist, daß der Zeitpunkt zur Essenseinladung als verbindlich angesehen wird. Lädt man zur Cocktailparty zwischen 18.00 und 20.00 Uhr, dürfen die Gäste in diesem Zeitraum nach ihrem Gusto kommen und gehen. Bei Veranstaltungen mit sportlichen Unternehmungen oder Gesellschaftsspielen sollten die Gäste eine halbe Stunde nach der angegebenen Zeit vollzählig sein. Sogenannte Open-House- oder Bottle-Parties beginnen und enden zu keinem präzisen Zeitpunkt. Mühe und Zeit erspart dem Gast eine beigelegte Skizze, aus der hervorgeht, an welchem Ort die Festivität stattfindet und wo er möglicherweise Parkplätze findet.

Hat ein Fest ein Programm, sollte das bereits in der Einladung bekanntgegeben werden. Eine Hochzeits- oder eine Geburtstagsfeier, die ein Wochenende dauert und mit verschiedenen Essen und Überraschungen gespickt ist, erfordert auch von den Gästen eine gewisse Vorbereitung. Wurden sie rechtzeitig informiert, können sie das Fest noch mehr genießen.

Eine mündliche Einladung paßt zur Bottle-Party, zum „Offenen Haus" und zum „Jour fix". Die Zu- oder Absage erfolgt darauf häufig sofort. Das hat Vorteile, sie ist weniger aufwendig als eine schriftliche. Läßt man eine Einladung mit Antwortpostkarte drucken, erfordert dies auch nur noch eine Unterschrift, respektive ein Kreuz und eine Briefmarke.

Die Menükarte kann fertiggestellt werden, sobald das Menü und die Getränke, die serviert werden, feststehen. Hat man vor, sie auf den Tisch zu stellen, sollte sie das Format DIN A5 nicht überschreiten. Legt man sie auf den Platzteller, kann sie größer und im Format sehr eigenwillig sein. Die herkömmlichen Menükarten bestehen aus einer Doppelkarte, zum Beispiel aus festem Karton, Chromolux oder Büttenpapier. Darin ist ein in der Mitte gefaltetes Blatt mit der Speisefolge eingelegt. Auf der rechten Seite stehen die Gerichte in der Reihenfolge untereinander, wie sie serviert werden, links gegenüber die dazu angebotenen Getränke.

Karte und Blatt können lose ineinanderliegen oder mit einem Band oder einer Kordel zusammengehalten sein. Steht nur eine Seite zur Verfügung, schreibt man das Getränk unter den jeweiligen Gang.

Aufwendig gestaltete Menükarten geben dem gesamten Tisch einen zusätzlichen Kick, und die meisten Gäste nehmen sie gerne zur Erinnerung mit nach Hause. Besonders schön sind handgeschriebene Menükarten, die mit pastelligen Zeichnungen (Aquarell, Buntstift, Pastellkreide) verziert sind. Ganz einfache Karten haben auch ihren Reiz. In einen weißen, längs gefalteten DIN-A4-Bogen aus stärkerem Papier legt man ein ebenso gefaltetes Blatt Schreibmaschinenpapier ein, das mit blauer Tinte beschrieben wird – diese Zusammenstellung ergibt eine sehr edle Menükarte.

Tischkarten zeigen nicht nur jedem Gast seinen Platz, sie sind auch Zierde und können Ausgangspunkt für ein Gespräch mit dem Tischnachbarn sein. Alles, was beschriftet werden kann, ist als Tischkärtchen verwendbar: Blätter, Steine, Stoffreste, Schraubenschlüssel, Kochlöffel, Filmrollen, Holzklötzchen und vieles mehr. Der Phantasie sind keine Grenzen gesetzt. Am Objekt kann sich die Konversation entzünden, ebenso an der daraufgeschriebenen Information. „Frau Neumann" reicht da nicht, ist aber zu lesen „Diana Neumann, Mannequin", oder „Alexander Heinrich, Schornsteinfeger", kommt ein Gespräch sicherlich schnell in Gang.

Sind Menükarten und Tischkärtchen der Tafeldekoration angepaßt, ergibt sich ein besonders harmonisches Bild. So eingestimmt werden die Gäste die dargebotenen Speisen sicherlich genießen.

Nur nicht nervös werden!

Sind alle Rückmeldungen im Haus, beginnen Gastgeberin und Gastgeber ungefähr zwei Wochen vorher mit der konkreten Planung. Wird das Fest in einem gemieteten Raum, einem Restaurant oder einem Saal stattfinden, setzen Sie sich am besten vor Ort mit den zuständigen Ansprechpartnern in Verbindung. Vereinbart werden nun präzise Umfang und Art der Bewirtung, die Uhrzeit für das Essen und die Dekoration. Ein schriftlicher Kostenvoranschlag kann sich später als sinnvoll erweisen.

Findet zu Hause ein Essen statt, sind fürs Organisieren Checklisten wichtig (siehe Seite 152). Alles, was man für eine Cocktailparty braucht, kann so ziemlich in letzter Minute besorgt werden. Auch hier leistet eine Liste gute Dienste.

Kleine Aufmerksamkeiten sorgen dafür, daß es dem Gast wirklich an nichts fehlt. In der Gästetoilette ist für alles gesorgt: Bereitgelegt sind frische Gästehandtücher, Seife, Kamm, Eau de Toilette, Papiertaschentücher, Tampons sowie ausreichend Toilettenpapier.

In den Räumen, in denen die Feier stattfindet, stehen ausreichend Aschenbecher zur Verfügung. Wird ein Aperitif gereicht, sollten einige aufmunternde Getränke, wie Sekt, Champagner, ein trockener Sherry oder Wermut sowie genügend Gläser

vorhanden sein. Eiswürfel, Sektkühler, Korkenzieher, ein Verschluß für die geöffnete Sektflasche und Streichhölzer dürfen ebenfalls nicht fehlen.

Die Gastgeber teilen sich die Aufgaben, an der Tür die Gäste zu empfangen und den Aperitif anzubieten. Ist der oder die Gastgeberin in der Einzahl, kann ein Gast es übernehmen, die Gesellschaft mit Getränken zu versorgen. Vasen stehen für alle Fälle in Reichweite, ebenso ein Behältnis, in dem man das Einwickelpapier dezent verschwinden lassen kann. Vielleicht übernimmt eine Freundin mit „grünem Daumen" das Versorgen der Blumen.

Wenn die Garderobe für Mäntel und Jacken der Gäste nicht ausreicht, sollte eine weitere Möglichkeit dafür geschaffen werden. Ein Bügelbrett in einem Nebenzimmer leistet dabei gute Dienste.
Ist der Tisch gedeckt, die Dekoration perfekt, sind die Teller an dem Platz, wo sie vorgewärmt werden, gibt es nur noch eins: Trinken Sie in Ruhe einen Aperitif, legen Sie ein kleines Päuschen ein, bevor Sie Ihre Gäste empfangen. Dieser Moment ist so wunderbar, daß geübte Gastgeber ihn schon im voraus einplanen.

Ankunft und Vorstellung der Gäste

Beim Empfang und während des Aperitifs sollten die Gäste miteinander bekannt gemacht werden. Das Vorstellen war früher eine schwierige Klippe. Obgleich es zwar klare Regeln dafür gab, war es doch schwer, diese zu befolgen. Zum Glück haben sie sich heute auf ein paar wesentliche reduziert. Die Gastgeber stellen den Rangniederen dem Ranghöheren, den Jüngeren dem Älteren und den Herrn der Dame vor. Sollte sich die Gelegenheit nicht sofort ergeben, weil viele Gäste gleichzeitig eintreffen, ist es üblich, daß sich die Gäste selbst gegenseitig vorstellen. Kennen sich alle nicht, kann die Initiative von einem Gast ausgehen. Heute ist es kein Fauxpas mehr, wenn sich eine Frau selbst vorstellt, was einst den Herren vorbehalten war.

Am besten man sagt einfach: „Guten Tag, mein Name ist Böhmer". Herr Müller antwortet dann nicht mit „angenehm", sondern nennt auch seinen Namen. Ob mit oder ohne Vornamen bleibt jedem selbst überlassen. Fügen beide ein paar erklärende Worte hinzu, ist gleich ein Anknüpfungspunkt für ein Gespräch gegeben. Betritt eine Dame den Raum und wird vorgestellt, erheben sich die anwesenden Herren. Die Damen bleiben sitzen, es sei denn, ein weiblicher Ehrengast oder eine wesentlich ältere Dame steht ihnen gegenüber.

Bitte zu Tisch!

Sind alle geladenen Gäste eingetroffen, begrüßen die Gastgeber sie noch einmal herzlich und, wenn der Moment gekommen ist, bitten zu Tisch. In einer großen, förmlichen Gesellschaft führen die Herren entsprechend der Tischordnung ihre Tischdame zum Platz. Der Gastgeber bietet der „würdigsten" Dame, respektive dem weiblichen Ehrengast, seinen Arm und geht mit ihr zur Tafel. Anhand der vorher ausgelegten Tischordnung, dem Placement, sind die Herren informiert, welche Plätze sie mit ihren Tischdamen einzunehmen haben. Die Gastgeberin schließt sich mit ihrem Tischherrn an.
In einer kleineren, überschaubaren Gesellschaft bitten die Gastgeber ohne große Formalitäten zu Tisch. Jeder Gast findet dort eine Tischkarte mit seinem Namen. Besteht keine Tischordnung, haben sich vielleicht während des Aperitifs Tischpartner gefunden. Oder der Gastgeber wendet das Zufallsspiel an, wodurch die gewohnten Strukturen neu geordnet werden. Die Tischdekoration „Einladung zum Portrait" (Seite 88) gibt dazu beispielsweise Anregungen.

Spielregeln für den Gast

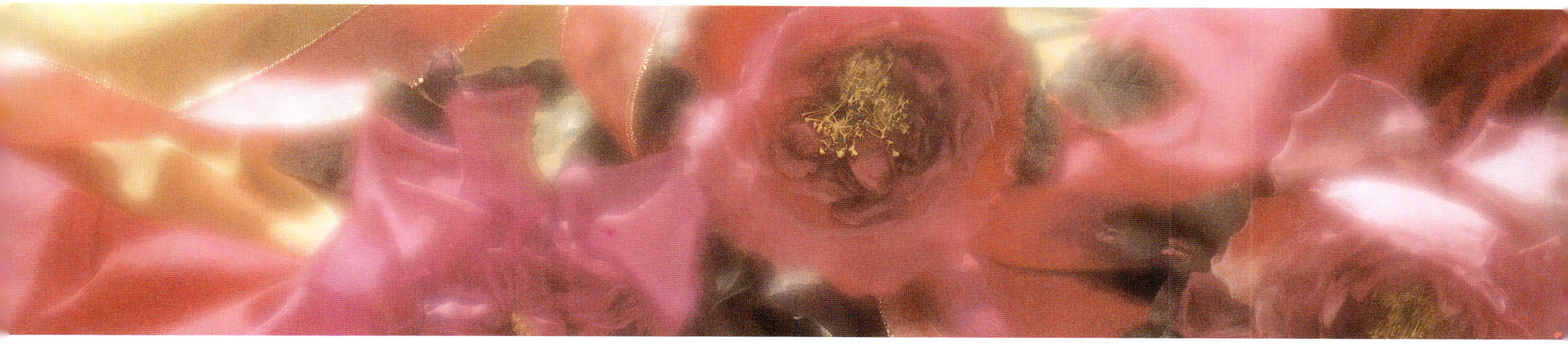

Die Herren sorgen dafür, daß ihre Tischdame bequem sitzt, erst dann setzen sie sich selbst. Jetzt könnte das Geheimnis der Speisenfolge gelüftet werden, sofern keine Speisekarten vorliegen, die jeden oder auch jeden zweiten Platz zieren.

Meist übernimmt der männliche Part der Gastgeber es, darauf zu achten, daß alle mit Getränken versorgt sind. Zum Wein bietet er Wasser in einem zweiten Glas an. Wenn er bemerkt, daß das Glas eines Gastes leer ist, fragt er, ob er nachschenken darf. Um die Speisen kümmert sich häufig die Dame des Hauses. Die Vorspeise wird einmal serviert, ebenso das Dessert, den Hauptgang dagegen bietet man zweimal an. Nehmen sich die Gastgeber ein zweites Mal, ermuntern sie dadurch die Gäste, erneut zuzugreifen.

Auch der Gast sollte zu einer Festivität, wie auch immer sie geartet ist, Höflichkeit, Rücksichtnahme und Taktgefühl mitbringen, außerdem natürlich freundlich sein.

Das beginnt bereits in dem Augenblick, in dem man eine Einladung erhält. Diese sollte man aufmerksam durchlesen und auf jeden Fall darauf reagieren. Fehlt einem die Zeit oder einfach das Interesse, an dem Fest teilzunehmen, sollte man sich so schnell wie möglich für die Einladung bedanken, sein Bedauern ausdrücken und absagen. Dabei muß besonders taktvoll vorgegangen werden. Möchte man die Einladung annehmen, antwortet man ebenso rasch. Bei dieser Gelegenheit kann man noch Verschiedenes abklären. Vielleicht geht aus der Einladung nicht deutlich hervor, welche Kleidung zum entsprechenden Anlaß erwünscht wird oder wo das Fest stattfindet. Ein Gast ist nicht ganz sicher, ob seine Kinder mit eingeladen sind. Ein anderer fragt nach, ob er seinen vierbeinigen Hausgenossen mitbringen kann. Ergibt es sich, daß man zum gleichen Zeitpunkt selbst einen Gast hat, den man gerne mitbringen möchte, bespricht man dies so rechtzeitig wie möglich mit dem Gastgeber. Es ist ja durchaus möglich, daß am Eßtisch kein Platz mehr vorhanden ist.
Ebenso könnte es sein, daß die Zusammensetzung der Gäste genau abgestimmt wurde, um eine besonders interessante und harmonische Runde zusammenkommen zu lassen, oder es handelt sich um einen offiziellen Anlaß. Möglicherweise ist der Gastgeber aber auch höchst erfreut darüber. Auf jeden Fall sollte das vor der Feier geklärt werden.

Ähnlich wie die Kleidung im Zusammenhang mit dem Anlaß des Festes steht, ist es mit dem Gastgeschenk. Je eher man sich darüber Gedanken macht, desto größer ist die Auswahl an Möglichkeiten. Bestehen Zweifel, ob man sich das richtige ausgedacht hat, kann vorsichtig beim Gastgeber angefragt werden. Soll es eine totale Überraschung sein, kann man sich natürlich auch mit anderen Gästen darüber beraten.

Pünktlichkeit

Ist man zu einem warmen Essen eingeladen, erfordert das absolute Pünktlichkeit. Verkehrsbedingte Verzögerungen sollte man einplanen. Tritt überraschenderweise der Fall ein, daß man früher ankommt, empfiehlt es sich, zu warten. Gäste, die vor dem vereinbarten Zeitpunkt erscheinen, sind nicht nur unhöflich, sondern können auch die gesamte Planung durcheinander bringen. Das sollte man dem Gastgeber nicht zumuten.

Zu einer Einladung nach Tisch, beispielsweise zum Kartenspielen, ist der vereinbarte Zeitpunkt ungefähr einzuhalten, es wird eine Toleranz von einer halben Stunde eingeplant. Finden sich auf der Einladung die Buchstaben c.t. (lat. cum tempore – mit Zeit), bedeutet dies, daß der Gast auch noch eine viertel Stunde nach der genannten Zeit rechtzeitig kommt. Steht dort s.t. (sine tempore – ohne Zeit), ist es ein höflicher Hinweis darauf, ganz pünktlich zu sein. Geht aus der Einladung hervor, daß es ein Fest ist, bei dem die Gäste von 12.00 Uhr bis abends erwartet werden, kann der Gast die Veranstaltung besuchen, wann er dazu am meisten Lust und Laune hat.

Zeichnet sich ab, daß man sich zu einem Essen verspätet, sagt man Bescheid. Ist das nicht möglich, entschuldigt man sich höflich und nennt den plausiblen Grund. Man sollte freundlich in Kauf nehmen, daß nicht mit dem Essen gewartet wurde.

Tischreden

Auch bei offiziellen Anlässen sind Tischreden recht selten geworden. Wenn sie nicht zu lange dauern und mit Humor vorgetragen werden, machen sie jedes Essen zu etwas ganz Besonderem. Ein Essen ohne den mindesten Hauch einer Ansprache, sie sollte zwischen Hauptgang und Dessert stattfinden, entbehrt ein Quentchen an Würdigung. Allerdings kann ein Zuviel die Freude am Mahl auch schwächen. Drei kurze Reden sind das verträgliche Maximum. Die verschiedenen Redner sollten sich vorher untereinander absprechen und die Gastgeber informieren, damit der Ablauf nicht unnötig durcheinander gebracht wird.

Das **Zutrinken**, eine lebendig gebliebene deutsche Sitte, setzt unter anderem den Schlußpunkt hinter ein festliches Essen. Durch sanftes Anstoßen klingen die Gläser – man schaut sich an, lächelt sich zu und wünscht sich gegenseitig „Wohl bekomm's!"

Rücksicht auf andere

Ist auf dem gedeckten Tisch ein Aschenbecher zu finden, kann der Gast davon ausgehen, daß das Rauchen bei Tisch kein Tabu ist. Trotzdem sollte er nur zwischen den Gängen rauchen und vorher fragen, ob sich jemand gestört fühlt. Feinschmekker unter sich rauchen während eines Essens meist gar nicht.

Ergibt sich für einen Gast die Notwendigkeit, ein Telefonat zu führen, fragt er den Gastgeber um seine Zustimmung. Teure Gespräche sollten möglichst vermieden werden, läßt sich das nicht einrichten, bietet man dem Gastgeber an, die Kosten dafür zu übernehmen.

Auf dem Weg zum Telefon oder zur Toilette bewegt man sich oft in der Privatsphäre der Gastgeber. Selbstverständlich läßt der Gast Türen und Schränke geschlossen. Will man eine Feier in vollen Zügen genießen und nicht auf alkoholische Getränke verzichten, dann sollte man für den Heimweg den Bus oder ein Taxi einplanen.

Ebenso achtet man darauf, daß man sein bekömmliches Maß an Alkohol nicht übersteigt. Den Gastgeber kann ein angetrunkener Gast in schwierige Situationen bringen. Der Gastgeber sollte dafür sorgen, daß der angeheiterte Besucher sich nicht hinter das Steuer setzt. Der aufmerksame Gast entwickelt ein Gespür dafür, wann sich ein Fest

dem Ende zuneigt. Wird nach einem Essen der Mitternachtskaffee serviert, sollte man dies als untrügliches Zeichen verstehen, daß es Zeit für den Aufbruch ist. Wurde der Gast zur Tür begleitet, verabschiedet und bedankt er sich beim Gastgeber. Besonders freundlich ist es, wenn man dem Gastgeber am nächsten Tag einen Blumenstrauß schicken läßt. Ein Kärtchen mit ein paar netten Worten zeigt dem Gastgeber, daß er es verstanden hat, seinem Gast einen schönen Abend zu bereiten.

Gastgeschenke und Dankeschön

Es gibt nur ganz wenige Gelegenheiten, zu denen Blumen nicht mitgebracht werden. Der Ehrengast eines Festes bringt gar nichts mit – eine Ausnahme. Sonst sind Blumen als Gastgeschenk immer willkommen. Schnittblumen sollten aus dem Papier gewickelt der Gastgeberin überreicht werden. Man kann sie aber auch vor dem Fest oder danach als Dankeschön mit einem Grußkärtchen zuschicken.

Kennt man die persönlichen Vorlieben der Gastgeber, bieten sich viele Möglichkeiten für ein Mitbringsel: eine besondere Flasche Wein, ein ungewöhnliches Stück für die Steinsammlung, etwas Selbstgemachtes, ein spezielles Buch …

Zu großen Anlässen kann man das Geschenk vorher schicken lassen, bei Hochzeiten beispielsweise. Es befindet sich dann bereits bei der Ankunft der Gäste auf dem für die Geschenke bereitgestellten Tisch.

Zu Feiern, bei denen große Geschenke üblich sind, gibt es oft eine Liste für die Gäste. Der Gast erfährt davon in der Einladung. Üblich ist dies bei der Taufe, der Kommunion, der Konfirmation, der Verlobung und der Hochzeit.

Zur Taufe beschenken die Paten, meist auch die Großeltern, das Kind mit bleibenden Werten. Das kann ein Baum sein, der mit dem Kind wächst, ein Sparbuch, ein Silberbecher mit seinen Initialen, eine Goldmünze. Die anderen Gäste bringen Kleinigkeiten mit.

Ähnlich sind die Geschenke zur Konfirmation oder Kommunion. Für die Jugendlichen sind diese Feste ein Schritt ins Erwachsenenleben, darauf kann man eingehen, zum Beispiel mit einem Lexikon.

Bei Verlobung und Hochzeit wird ein neuer Haushalt gegründet oder ein bestehender aufgepeppt. Geschenke für diesen Bereich sind meist willkommen. Auch hier hilft eine Geschenkeliste. Wichtig ist ein Kärtchen am Geschenk, damit der Empfänger weiß, bei wem er sich wofür bedanken kann. Eine sehr praktikable Lösung ist ein Sammelgeschenk. Es kann, muß aber nicht unbedingt praktischen Wert haben.

Das Mitbringsel für die Bottle-Party hingegen liegt auf der Hand! Allerdings sollte man das Versprechen, etwas beizusteuern, auch wirklich halten.
Die Beschenkten bedanken sich innerhalb der nächsten zwei bis vier Wochen nach dem Fest. Bei großen Anlässen mit gedruckten Karten, sonst handschriftlich oder telefonisch.

Wird man oft zum Essen eingeladen, kommt der Punkt, an dem man sich revanchieren sollte. Ist man selbst ein begeisterter Koch oder eine Köchin und im Besitz des entsprechenden Hausrats, steht einer Gegeneinladung nichts im Weg. Auch ist eine Cocktailparty, eine Einladung ins Restaurant oder ein sorgfältig vorbereitetes Picknick im Grünen als Revanche durchaus angebracht.

Tischdekoration im Detail

Damit die Einladung auch wirklich ein Erfolg wird und nicht am „Gewußt wie" scheitert, finden Sie hier alle wesentlichen Details, die für die Dekoration der Tische von Seite 20 bis 146 verwendet wurden: Der Unterbau der Tafel, die Tischdecke und die Servietten sowie die Herstellung der Dekorationselemente werden ausführlich beschrieben.
Haben Sie keine Angst, selbst ein wenig künstlerisch tätig zu werden. Mit den Schritt-für-Schritt-Anleitungen gelingt es bestimmt, und Spaß macht es auch. Wenn Sie mit einer eigens gebastelten Tischdekoration überraschen, wird Ihnen die Bewunderung Ihrer Gäste in jedem Fall sicher sein.

Auf ein Neues

Brunch für ca. 12 Personen
(Seite 14)

Tischkonstruktion
Normaler Tisch für 6 Personen, die Stufe wird aus Holzkisten (Weinkisten) gebaut.

Tischdecke/Servietten
Beides aus weißem Damast, unter der Tischdecke liegt Molton.

Hauptdeko
Hufeisen aus Kükendraht, geschmückt mit Ilexzweigen und Gebäck in Hufeisenform.

Material
- Kükendraht (2 m x 1 m)
- Kneifzange
- Ilexzweige

1 Knipsen Sie mit einer Kneifzange aus dem Kükendraht auf jeder Längsseite zwei Dreiecke heraus.

2 Den Draht von der Längsseite her zur Rolle (ø 15 cm) aufwickeln, anschließend zum Hufeisen formen.

3 An den inneren Ecken die offenen Kanten der Dreiecke ineinanderschieben, so daß die Form auch innen schön abgerundet ist.

4 In die Maschen Ilexzweige mit roten Beeren stecken. Das Hufeisengebäck und die Neujahrsbrezeln nach Belieben dazwischen verteilen.

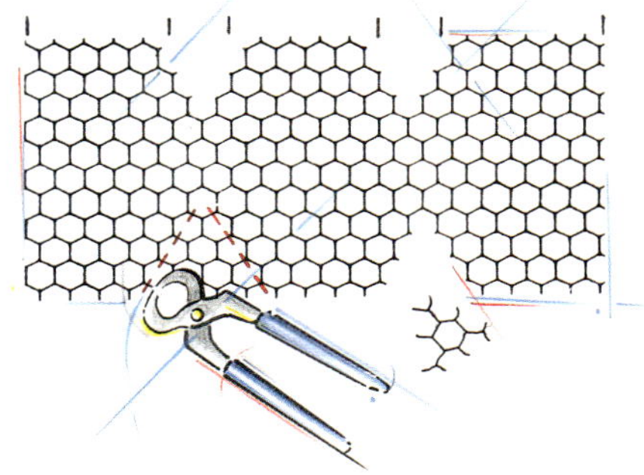

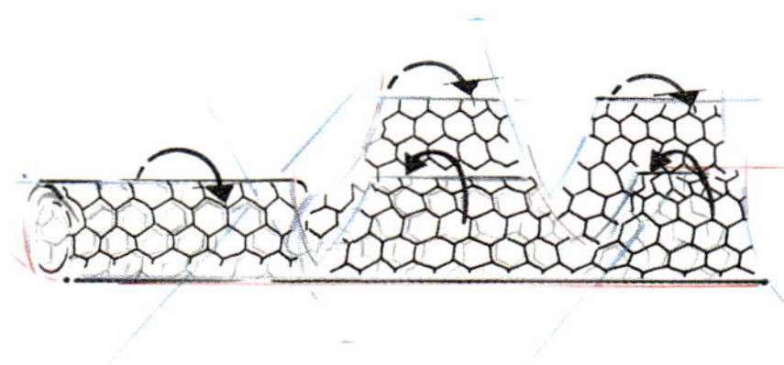

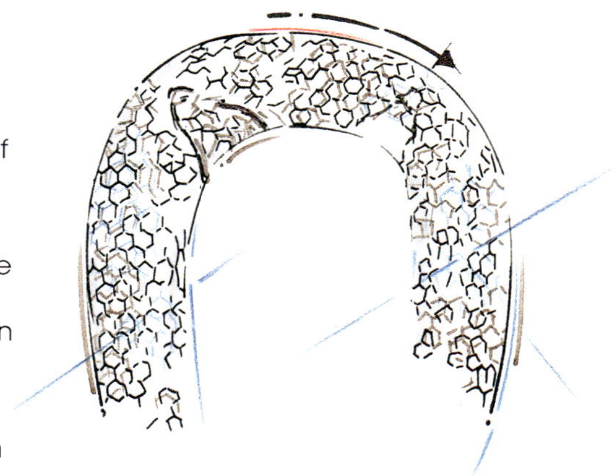

Bezugshinweis
- Kükendraht im Eisenwarengeschäft
- Ilexzweige im Floristenfachgeschäft vorbestellen

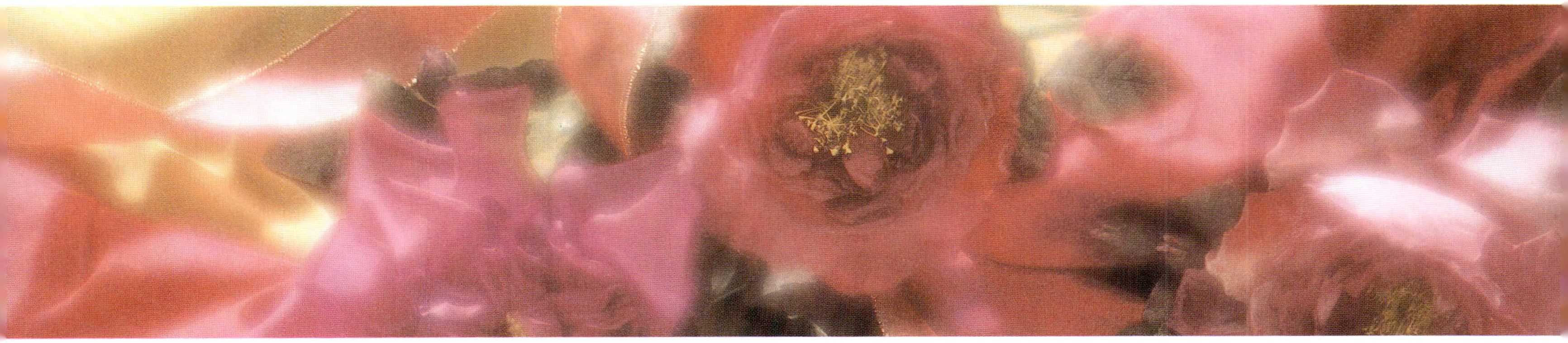

Maske in der Hauptrolle

Party (beliebige Personenanzahl)
(Seite 16)

Tischkonstruktion
Vier Tischplatten auf je zwei Böcke oder zwei Türblätter ohne Griffe auf zwei Böcke gelegt oder aber zwei Biergarniturtische nebeneinander stellen. Mit Molton die Übergänge verdecken.

Tischdecke
- Dekorationssamt (ca. 3–4 m)
- Polsterstoff (2 m)
- Dekorationsseide (2 m)

Servietten
Damastservietten in der Farbe der Hauptdekoration (hier Bordeaux)

Bezugshinweis
- Masken im Bastel- und Hobbygeschäft
- Seidenrosen und Posamenten im Dekoladen oder Gartencenter
- Spiegel vom Floh- oder Antikmarkt

Nach den tollen Tagen

Essen für 6 Personen
(Seite 18)

Tischdecke
Tüll, locker in Wellen gelegt.

1 Über eine weiße Decke eine Lage grünen (3 m x 1,40 m) und eine Lage blauen Tüll (3 m x 1,40 m) legen.

2 In die oberste Tüllage kleine Löcher schneiden, durch die der grüne Tüll leicht durchgezogen wird.

Servietten
Papierservietten

Hauptdeko
Pappfische in verschiedenen Größen

Material
- dünne Pappe
- Transparentpapier zum Kopieren
- Bleistift, Schere
- Klebstoff
- Wasserfarben und Pinsel

1 Die Vorlage für den Fisch können Sie auf die gewünschte Größe hochkopieren.

2 Übertragen Sie das Motiv mehrmals auf die Pappe, und schneiden Sie die Fische aus.

3 Die Fische mit Wasserfarbe kolorieren, nach dem Trocknen die Flossen ankleben.

Er liebt mich

Abendessen für 2 Personen
(Seite 20)

Tischdecke und Hauptdeko
Tischdecke aus rotem Seidenpapier, darüber verteilt kleine Lampionblumen, die von innen beleuchtet sind.

Material
- 6 Bogen rotes Seidenpapier
- Minilichterkette (20 Birnchen)
- Lampionblumen

1 Unter rotes Seidenpapier eine Minilichterkette legen. Kleine Löcher ins Papier schneiden und durch diese die Birnchen herausziehen.

2 Die Stilenden aus der Lampionblüte herausschneiden.

3 Die Lampionblumen nun über die Birnchen stecken.

Die Verlängerungsschnur für die Lichterkette nicht vergessen.

Weitere Dekoelemente
Platzteller

Material
- Schichtstoffplatte (70 cm x 35 cm)
- Schnur (35 cm lang)
- Nagel (6,0 cm lang)
- Bleistift, Zentimetermaß
- Schneidemesser
- Pappe zum Unterlegen
- angerührter Tapetenkleister
- Pinsel
- 10 Blatt Durchschlagpapier
- Dekospray Rot

1 Die Schichtstoffplatte teilen. Mit Hilfe des Nagels (in der Mitte der Platte befestigen), der Schnur und des Bleistifts einen Kreis von ca. 32 cm ø schlagen.

2 Den Kreis mit dem Schneidemesser ausschneiden. Auch den zweiten Platzteller zuschneiden.

3 Jeweils die Oberseite der Platten mit Tapetenkleister bestreichen.

4 Das Durchschlagpapier knüllen und auf die Platten legen.

5 Nach dem Trocknen die Platzteller mit Dekospray einsprühen.

Bezugshinweis
- Lampionblume (Physalis francheti, Trockenblume) im Floristenfachgeschäft
- Schichtstoffplatten im Grafikerbedarfshandel

Frühling läßt sein blaues Band

Mittagessen für ca. 6 Personen
(Seite 22)

Tischdecke/Servietten
Gewaschener und gesäumter Nessel

Hauptdeko
Breites, buntes Band (ca. 5 m lang) sowie ein blaues und ein grünes Band (jeweils ca. 2 m lang)

Bezugshinweis
- Äste einer Trauerweide im Floristenfachgeschäft

Die Küken sind los

Frühstück für 6 Personen
(Seite 24)

Tischdecke
Weißer Damast, zum Schutz gegen Feuchtigkeit liegt unter dem Moos eine dünne Plastikdecke.

Hauptdeko
Schachtelhalmkäfig, aus dem kleine Küken „heraushüpfen", Moos, mit Wurzeln gefärbte Eier, Osterglocken.

Material
- 20 frische Schachtelhalme (je 75 cm lang)
- 1 Strang Naturbast
- Zollstock
- Küken
- Osterglocken in Blumenröhrchen

Zur Herstellung des Käfigs benötigen Sie etwa 3 bis 4 Stunden

1 Legen Sie fünf Schachtelhalme im Abstand von 5 cm parallel. Darüber legen Sie quer einen Halm. Der Abstand zur oberen Kante beträgt etwa 25 cm.

2 Befestigen Sie ihn mit einem „Faden" Bast. Die Verbindung hält am besten, wenn Sie den Schlingknoten verwenden.

3 Befestigen Sie nun jeweils im Abstand von 5 cm vier weitere Querhalme, so daß sich ein Gitterquadrat ergibt.

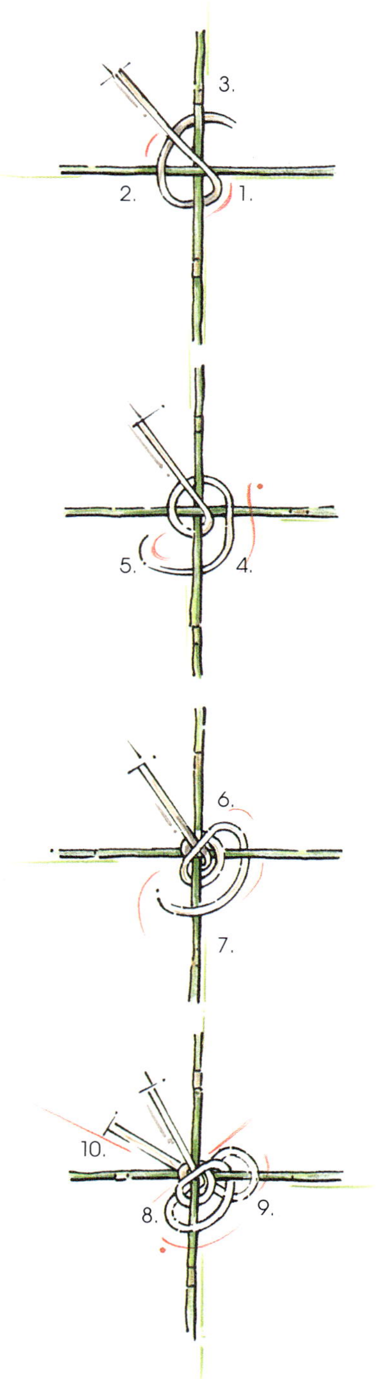

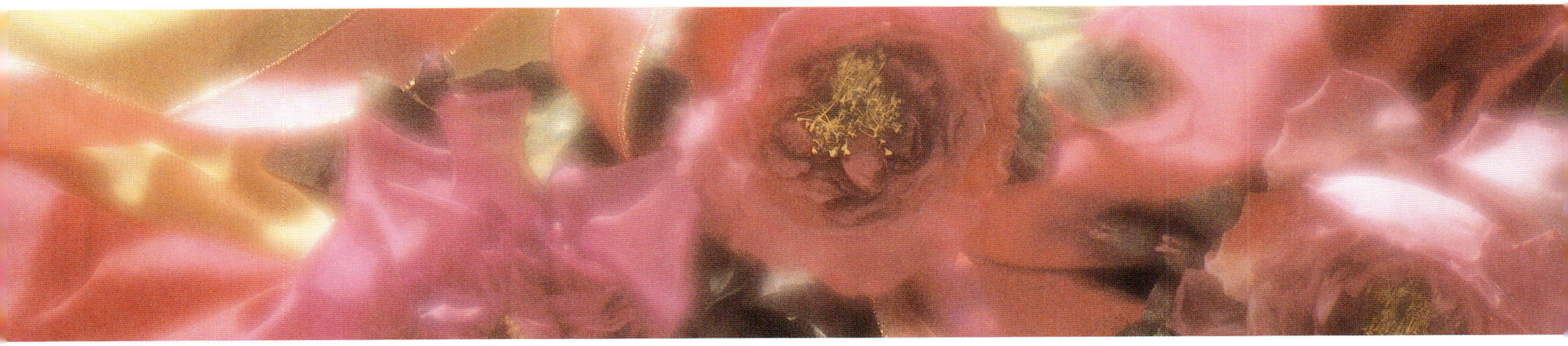

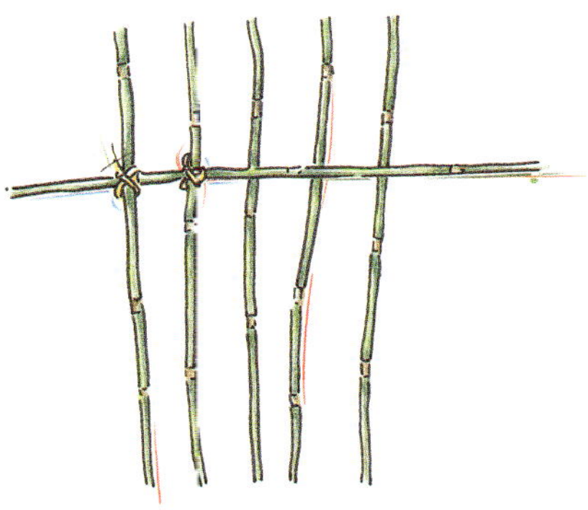

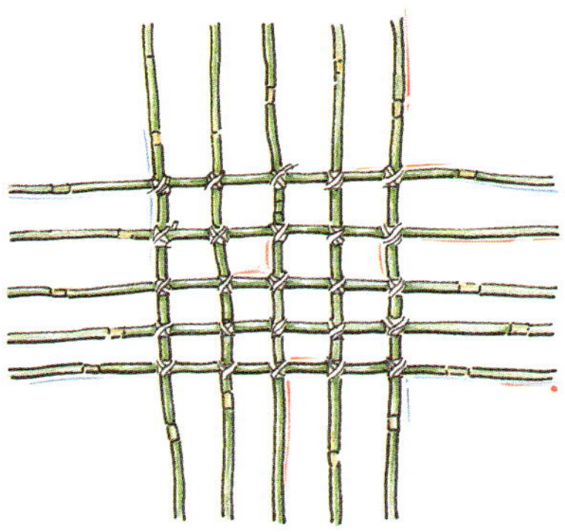

4 Legen Sie dieses Gitter auf einen hohen Gegenstand, so daß die überstehenden Halmenden nach unten abgeknickt werden können. Knoten Sie einen neuen Halm im Abstand von 5 cm zur Knickstelle fest. Sollte der Halm zu kurz sein, so verlängern Sie ihn mit einem weiteren.

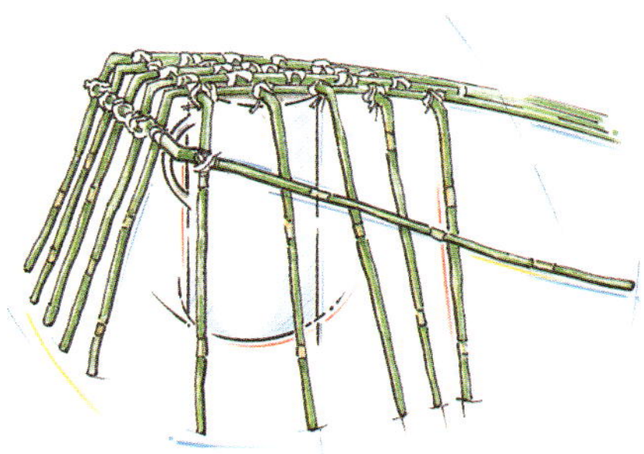

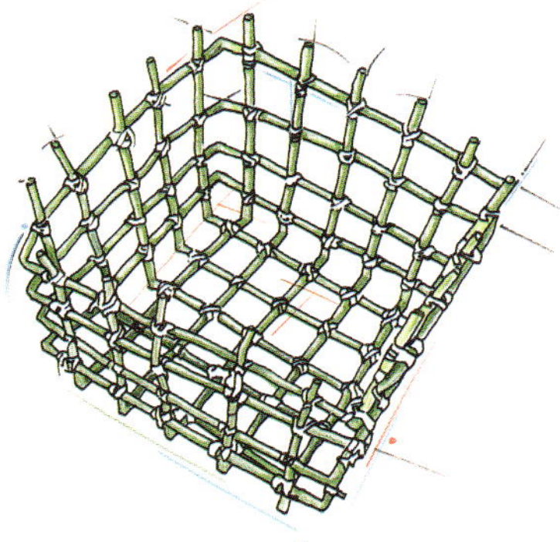

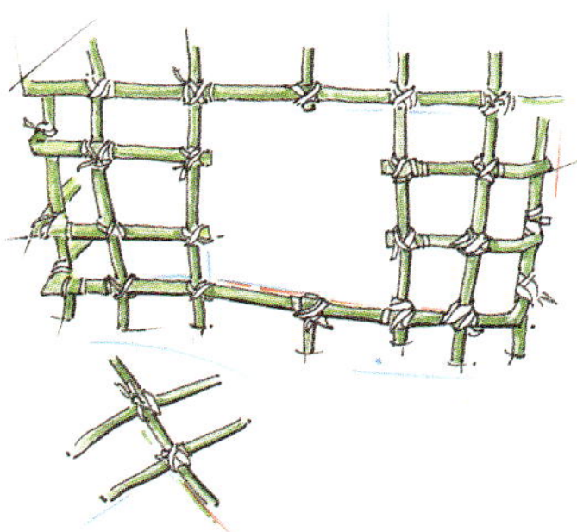

5 Drehen Sie jetzt das Gitter um, und befestigen Sie insgesamt vier (verlängerte) Halme, so daß sich ein Käfig herausbildet.

6 Das Törchen schneiden Sie entsprechend der Zeichnung heraus.

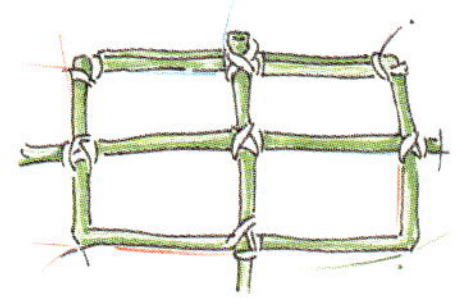

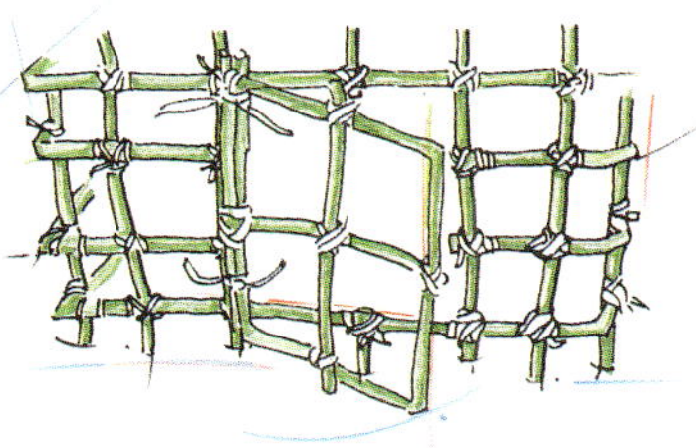

7 Knicken Sie einen neuen Halm zum Rechteck, die Enden verknoten. Auf dieses Rechteck das Kreuz befestigen.

8 Nun noch das Törchen an der Käfigöffnung anknoten. Wenn Sie die Halme ab und zu mit Wasser bespritzen, bleiben sie lange frisch.

9 Den Käfig auf einen Hügel aus Lappenmoos stellen, Küken, gefärbte Eier und Osterglocken nach Belieben auf dem Moos verteilen.

Weitere Dekoelemente
Eier mit Blauholz und Zwiebelschalen gefärbt

Material
- Eier
- Blauholz (Lignum Campechianum raspatum)
- Papier zum Einwickeln, am besten weißes, saugfähiges Seidenpapier
- Wollfaden
- 1 kleinen (älteren) Topf
- Wasser
- etwas Öl oder ein Stück Speckschwarte

1 Legen Sie ein sauberes, rohes Ei auf ein Stück des Seidenpapiers in die flache Hand, und streuen Sie etwas Blauholz drumherum. Drücken Sie es mit Hilfe des Papiers ans Ei, und halten Sie es gut fest.
Gehen Sie mit der Zugabe von Blauholz sparsam um. Das Holz färbt sehr stark. Nimmt man etwas zuviel, wird die Marmorierung weniger ausgeprägt.

2 Streuen Sie ein wenig zerbröckelte Zwiebelschale zwischen Ei und Papier, wenn Sie die Variante mit zusätzlichem Braungelb wünschen, und fassen Sie mit der Hand nach.

3 Streuen Sie erneut Blauholz um das Ei, drücken Sie es mit dem Papier an die Schale und fahren Sie fort, bis das Ei ganz eingepackt und somit von Blauholz (und Zwiebelschale) umhüllt ist.

4 Zum Schluß auch das überstehende Papier ums Ei schlagen und mit einem Wollfaden mehrmals umwickeln.

5 Das Ei nun im Topf in klarem Wasser hartkochen, auspacken und eventuell mit etwas Öl oder einer Speckschwarte einreiben, damit es schön glänzt.

Blauholz ist nicht lichtecht. Nach einigen Tagen nimmt die dunkle Blaufärbung einen Braunton an. Die hellblauen Flecke bleiben aber trotzdem erhalten, und die Marmorierung ist dann nicht weniger schön. Im Kühlschrank über ein paar Tage aufbewahrt, behalten die Eier ihren Blauton.

Bezugshinweis
- Moos, Schachtelhalme, Osterglocken im Floristenfachgeschäft vorbestellen
- Küken im Warenhaus oder Geschenkeladen
- Blauholz in Apotheken und Drogerien

Mamma mia, welch ein Tag!

Frühstück für 4 Personen
(Seite 26)

Tischdecke/Servietten
Weißer Damast

Hauptdeko
Rote Herzen aus Papier, im Mittelpunkt die Herzschachtel

Bezugshinweis
- Herzschachtel, verschiedene Geschenkpapiere im Schreibwarenhandel
- Kleine Blätter aus Papier oder Stoff, rote Knetmasse im Bastelgeschäft

Geistvoll feiern

Mittagessen für 6 Personen
(Seite 28)

Tischdecke/Servietten
Weißer Damast

Hauptdeko
Drahtgirlande, geschmückt mit verschiedenen Frühlingsblumen

Material
- Kaninchendraht (2 m x 0,5 m für einen 1,50 m langen Tisch)
- 30 Blumenröhrchen
- Primelblüten
- Traubenhyazinthen
- Maßliebchen
- Asparagus

1 Den Draht von der Längsseite her leicht rollen und auf den Tisch legen. Die noch starre Rolle in leichte Bögen legen, so daß die Teller „umrahmt" sind.

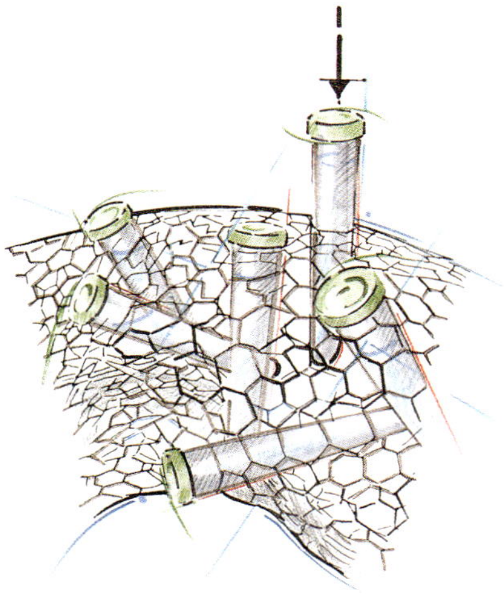

2 Füllen Sie die Blumenröhrchen mit Wasser, und stecken Sie sie in die Drahtgirlande.

3 Die Asparaguszweige locker über dem Draht verteilen, und in jedes Röhrchen ein oder zwei Blüten stecken.

Bezugshinweis
- Kaninchendraht im Eisenwarengeschäft
- Blumen und Blumenröhrchen im Floristenfachgeschäft oder Gartencenter

Die Nacht der tausend Feuer

Abendessen für 10 Personen
(Seite 30)

Tischkonstruktion
Zwei Biergarniturtische aneinander gestellt

Tischdecke/Servietten
Beides aus weißem Damast. Unter der Decke liegt Molton, damit die Rille weniger zu sehen ist.

Hauptdeko
Minilichterkette, Schwimmkerzen in Glasgefäßen und etwa 300 Rosenblüten

1 Zunächst die Lichterkette und die Glasgefäße mit den Schwimmkerzen in ihre endgültige Position auf dem Tisch bringen.

2 Die Rosen und die Blütenblätter über dem Tisch verteilen. Nicht zu früh, sonst ist die schöne Pracht verwelkt, bevor die Gäste kommen.

Bezugshinweis
- Lichterkette im Elektrohandel
- Schwimmkerzen im Warenhaus
- Glasgefäße im Warenhaus
- etwa 300 Rosenblüten oder entsprechend Rosenblätter im Floristenfachgeschäft oder am Blumenstand auf dem Markt (ca. eine Woche im voraus bestellen)

Reiche Ernte auf dem Tisch

Abendessen für 6 Personen
(Seite 32)

Tischdecke/Servietten
Beides aus naturfarbenem, gesäumtem Nessel

Hauptdeko
Ährenkranz gefüllt mit Früchten der Saison

1 Die Ähren zu kleinen Sträußen bündeln und zum Kranz zusammenlegen.

2 Der Kranz bekommt Halt, wenn Sie die Halmenden locker mit Messingdraht umwickeln. Dabei die Ähren möglichst nicht mit einbinden.

Bezugshinweis
- Ähren und Stroh während eines Spaziergangs sammeln
- Messingdraht im Bastelgeschäft
- Satinband im Warenhaus
- Früchte auf dem Markt, im Gemüse- oder Lebensmittelgeschäft

Einladung zum Sterne-Menü

Mittag- oder Abendessen für 6 Personen
(Seite 34)

Tischdecke
Kreppapier (zweifach gelegt), darüber Metallsternchen verstreut

Servietten
Gechintzter Baumwollstoff in Dunkelrot

Hauptdeko
Sterne aus Metallfolie als Kerzenständer

Material
- Metallfolie und Karton (1 mm stark) oder Chromoluxkarton
- Bleistift, Schere, Klebstoff
- Wachsklebeplättchen

1 Entsprechend der Vorlage den durch Hochkopieren vergrößertem Stern zunächst aus Karton ausschneiden.

2 Für jeden Kerzenständer nun nochmals den Stern aus Metallfolie ausschneiden, diesen anschließend auf den Karton kleben. Mit Wachsplättchen oder -paste eine Kerze in der Sternmitte befestigen.

3 Die Sterne ohne Kerze werden auf der Ober- und Unterseite mit Metallfolie beklebt. So kann jeder Gast einen Stern als Andenken mit nach Hause nehmen.

Weitere Dekoelemente
Nach Belieben auf dem Tisch Rosen- und Weihnachtskugeln verteilen. Damit die Kugeln nicht auf dem Tisch hin und her rollen, befestigen Sie etwas Knete an den Kugelhälsen.

Bezugshinweis
- Weihnachts- und Rosenkugeln im Warenhaus oder Gartencenter
- alle übrigen Materialien bekommen Sie im Warenhaus oder im Schreibwarenhandel

Nacht der Enthüllungen

Abendessen für 4 Personen
(Seite 36)

Tischdecke
Passend zu den Farben der Karten wurde dunkelblauer Futtertaft als Tischdecke gewählt.

Hauptdeko
Tarotkarten und Knallbonbons, die farblich zu den Karten passen sollten (eventuell mit Dekospray ansprühen), dazwischen funkeln kleine Straßsteinchen

Bezugshinweis
- Futterstoff im Stoffgeschäft
- Straßsteinchen im Bastel- oder Stoffgeschäft
- Tarotkarten im Buchhandel
- Knallbonbon im Scherzartikelladen oder Warenhaus

Harmonie auf japanisch

Abendessen
(Seite 42)

Tischkonstruktion
Schwarze Glasplatte auf Böcken oder als Tischdecke schwarze Lackfolie verwenden.

Hauptdeko
Insgesamt wirkt das Zusammenspiel der verschiedenen Schüsselformen und der Materialien sowie das leutende Rot auf dem schwarzen Grund. Einen besonderen Akzent setzt lediglich der Ast mit den japanischen Zierquitten (Früchte und Blüten).

Bezugshinweis
- japanische Lebensmittel und entsprechendes Tischgerät bekommen Sie in Spezialläden, die japanische und/oder asiatische Produkte führen.

Chinesisches Diner

Brunch für 8 Personen
(Seite 44)

Tischdecke/Servietten
Weißer Damast

Blumenschmuck
Kleine Bambuszweige

Weitere Dekoelemente
Einladungs-/Menükarten mit chinesischen Schriftzeichen

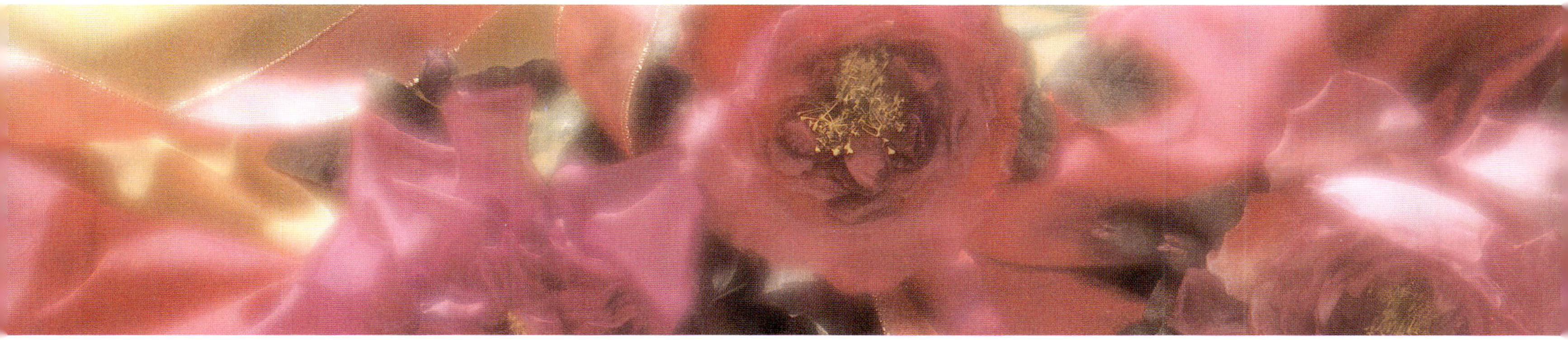

Material
- rotes Briefpapier
- Goldlackstift oder dünner Pinsel und Wasserfarbe (Gold)

Stimmen Sie Ihre Gäste mit der entsprechenden Einladungskarte ein. Die Schriftzeichen dienen als Vorlage.

邀
宴

Bezugshinweis
- Porzellan und chinesisches Tischgerät im China- oder Geschenkeladen

Dänisches Damenfrühstück

Büfett für 6 Personen
(Seite 46)

Tischdecke/Servietten
Weiß-blau gestreifte Leinendecke, dazu passende Servietten

Blumenschmuck
- weiße Madonnenlilien
- Rittersporn
- Ranken von wildem Wein

Bezugshinweis
Sollten Sie die Blumen nicht im eigenen Garten haben, so bestellen Sie sie im Floristenfachgeschäft.

Amerika bedankt sich bei der Natur

Abendessen für 8 bis 12 Personen
(Seite 48)

Tischkonstruktion
Zwei Biergarniturtische nebeneinander gestellt

Tischdecke
Gelbe Leinentischdecke, darunter ein Moltontuch

Servietten
Hellgelbe oder beige Leinenservietten

Hauptdeko
Herbstliche Dekorationselemente zum Beispiel Kürbisse, Maiskolben, Kastanien, leicht gefärbte Kastanien- oder Weinblätter

Bezugshinweis
- Gemüse und Obst vom Wochenmarkt oder im Gemüse- bzw. Lebensmittelgeschäft
- Blätter beim Spaziergang sammeln

Weihnachten american style

Abendessen für 8 Personen
(Seite 50)

Tischdecke/Servietten
Gechintze Baumwolle in der Hauptfarbe des Porzellandekors

Hauptdeko
Kleine, hübsch verpackte Geschenke, die zwischen zahlreichen Kerzenleuchtern, roten, polierten Äpfeln und dem Blumenschmuck liegen

Blumenschmuck
- 12 kleine Fichtenzweige, 10 rote Rosen

Englische Weihnachtsparty

Brunch für 12 Personen
(Seite 52)

Tischkonstruktion
Auf dem Tisch (1,70 cm x 1,20 cm) mit Hilfe von dicken Büchern (Enzyklopädie, Lexika) ein Dreieck (Schenkellänge etwa 60 cm x 60 cm) bauen.
Die Bücher mit Plastikfolie abdecken

Tischdecke
Weißer Futtertaft (5 m x 1,10 m), darunter Molton

Servietten
Rote Papierservietten

Hauptdeko
Natürlich steht der Weihnachtsmann aus Porzellan im Mittelpunkt der Dekoration. Weitere Akzente bilden die verschieden großen Tannenbäumchen aus Pappe

Material
- dünne, grüne Pappe
- Kohlepapier, Bleistift, Schere

1 Vergrößern Sie sich die Vorlage auf etwa 11 cm Höhe für die kleinen Bäumchen und 15 cm Höhe für die großen.

2 Die Vorlage jeweils auf Pappe übertragen, und die Tannen ausschneiden.

3 Damit das Bäumchen steht, den Stamm bis zur Markierung einschneiden und eine Hälfte nach vorn, die andere nach hinten knicken.

Blumenschmuck
- 6 große Ilexzweige mit roten Beeren

Bezugshinweis
- Futtertaft im Stoffgeschäft
- Pappe im Schreibwarenhandel
- Ilexzweige im Floristenfachgeschäft vorbestellen
- Kunstschnee im Dekorationsgeschäft

König in Frankreich für einen Tag

Kaffeetrinken für 4 Personen
(Seite 54)

Tischdecke
Goldfarbener Karnevals- oder Dekostoff

Hauptdeko
Dreikönigskuchen mit Krone

Material
- Goldfolie (50 cm x 60 cm)
- Kohlepapier, Bleistift, Schere oder Schneidemesser
- schwarzer Folienstift

1 Das Muster der Krone auf etwa 56 cm verlängern und anschließend den gesamten Musterstreifen mit Hilfe des Kohlepapiers auf die Goldfolie übertragen.

2 Schneiden Sie den Streifen zunächst grob (Außenkontur) aus, dann die Innenmuster vorsichtig herausschneiden.

3 Die Außenkontur nun exakt nachschneiden und eventuell die Krone mit dem Folienstift mustern. Schließen Sie die Krone, indem Sie die Lasche am rechten Rand durch die Öffnung am linken stecken.

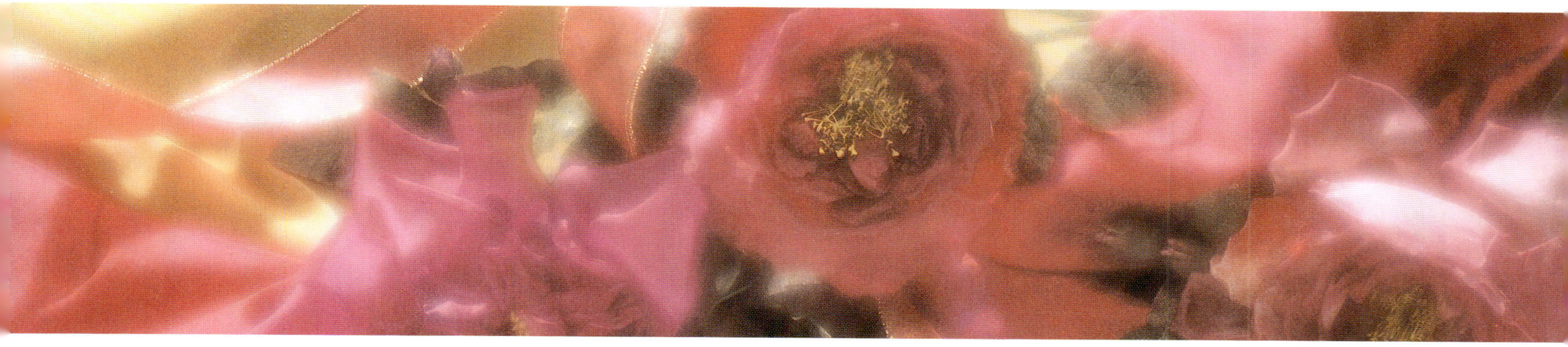

Weitere Dekoelemente
Kerzenständer

Material
- Metallhüllen von Teelichtern
- Schere (Allesschneider)
- goldfarbenes Dekospray
- Tafelkerzen
- Wachsklebeplättchen

1 Schneiden Sie mit der Schere aus dem Rand der Metallhüllen kleine Zacken heraus.

2 Die kleinen Kronen und die ausgeschrittenen Dreiecke mit Dekospray besprühen. Nach dem Trocknen jeweils in die Mitte der Metallhülle eine Tafelkerze mit Wachsplättchen befestigen. Streuen Sie die Dreiecke um die Kerze.

Weitere Dekoelemente
Glassteine in verschiedenen Farben und Formen, die auf dem Tisch verteilt werden.

Bezugshinweis
- Teelichter, Wachsplättchen, Tafelkerzen im Warenhaus
- alle anderen Materialien im Bastelgeschäft

Der runde Geburtstag – ein besonderes Wiegenfest

Kaffeetisch für 10 Personen
(Seite 58)

Tischdecke
Fotos der Hauptperson, die durch eine Glasplatte geschützt werden

Sammeln Sie Fotos (möglichst ein bis zwei aus jedem Lebensjahr) des Geburtstagskindes. Verwenden Sie die Originale und teilweise vergrößerte Fotokopien davon, und verteilen Sie sie auf dem Tisch. Damit die Bilder während der Feier nicht beschädigt werden, legen Sie eine Glasplatte darüber. Sie können auch dicke Klarsichtfolie nehmen.

Bezugshinweis
- Glassteinchen im Geschenkeladen
- Puppenlichter im Warenhaus
- Klarsichtfolie im Farbengeschäft oder Warenhaus
- Fotokopien im Copyshop

Dem Namen zu Ehren

Abendessen für 4 Personen
(Seite 60)

Tischkonstruktion
Runder Tisch (Ø 1,10 m)

Tischdecke
Nessel, beschriftet mit goldfarbenem Stoffmalstift

Material
- Nessel entsprechend der Tischdeckengröße Ihres Tisches
- Stoffmalstift in gewünschter Farbe

Schreiben Sie mit dem Stoffmalstift den Namen der Hauptperson in verschiedenen Schriftgrößen auf die Tischdecke. Die Farbe anschließend durch Bügeln fixieren.

Servietten
Die Servietten aus Nessel wirken durch die Serviettenringe aus Kordeln mit Posamenten besonders ansprechend.

Blumenschmuck
Getrocknete Blütenblätter von roten Rosen

Bezugshinweis
- Nessel im Stoffgeschäft
- Stoffmalstift im Bastelgeschäft
- gedrehte Kordel mit verschieden großen Posamenten im Warenhaus

Hochzeit – Amor hat gezielt und getroffen

Mittagessen je Tisch ca. 8 Personen (Seite 62)

Tischkonstruktion
Jeweils zwei Biergarniturtische zusammenstellen

Servietten
Weiße Damastservietten

Tischdecke
Über einer Papiertischdecke liegt eine „Tüllwolke".

Material
- 10 m Papiertischdecke in drei Stücke à 3,30 m teilen. Je eine Bahn rechts und links über die Tischkante hängen lassen, die Mittelnaht (eventuell mit transparentem Klebefilm zusammenhalten) mit der dritten Bahn verdecken
- 10 m weißer Tüll. Diesen auf folgende Längen zurechtschneiden:
  a) 2 Stücke à 3 m
  b) 2 Stücke à 1,50 m
  c) 1 Stück à 1 m

Die 3-m-Stücke an den Längs-, die 1,50-m-Stücke an den Stirnseiten des Tisches bauschen. Achten Sie darauf, daß die Gläser später auf keiner Falte stehen. Um das Wegrutschen des Tülls zu vermeiden, tackern Sie den Stoff an einigen Stellen am Holztisch fest. Das 1-m-Stück wird als Schleife am Stuhl der Braut befestigt.

Hauptdeko
Papierrosen (100 Stück)

Material
- 100 Blatt Durchschlagpapier für die Schreibmaschine
- 1 Glas grüne Plakafarbe
- 1 Glas rote Plakafarbe
- 2 Pinsel

1 Falten Sie die linke obere Ecke eines Blattes Durchschlagpapier auf die untere Kante.

2 Jeweils von beiden Seiten den Zipfel A rot, den Zipfel B grün anmalen, eventuell ein zweites Mal darüber streichen.

3 Dann die rechte obere Ecke nach unten falten.

4 Drehen Sie das Papier so, daß die lange Faltkante oben liegt. Nun von rechts das Papier einrollen – zuerst fest – dann immer lockerer werdend.

5 Den grünen Zipfel leicht nach hinten abknicken. Den „Blütenstil" fest zusammenzwirbeln und die Blume an den Tüll bzw. die Tischdecke tackern.

Weitere Dekoelemente
Kerzen in schmalen, hohen Windlichtern

Bezugshinweis
- Tüll im Stoffgeschäft
- Durchschlagpapier, Plakafarbe im Schreibwaren- oder Bastelgeschäft

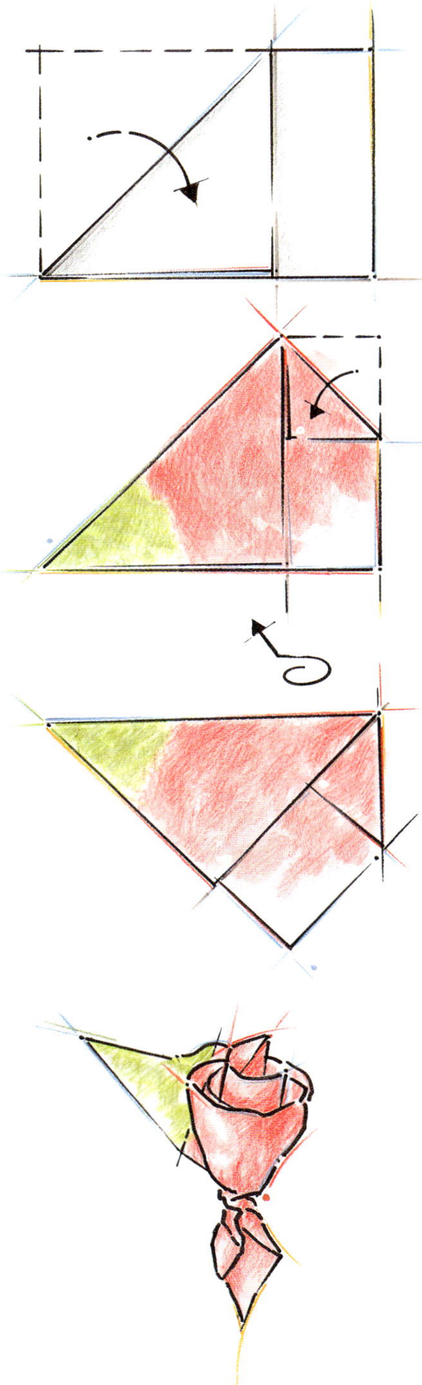

Taufe – großer Bahnhof für ein Baby

Mittagessen für ca. 10 Personen
(Seite 64)

Tischdecke/Servietten
Weißes, einfaches Tafeltuch oder weißes Leinentuch

Hauptdeko
Über der Tischdecke werden jeweils eine hellblaue (oder rosa) und eine weiße Tüllage in lockeren Falten gelegt.
Akzente setzen die kleinen Plastikschnuller, ebenfalls in hellblau (oder rosa)

Blumenschmuck
Kleiner Blumenstrauß in den Farben hellblau (rosa), zusammengestellt aus Blumen der Saison.

Bezugshinweis
- Tüll (je Farbe 2 m x 1,40 m) im Stoffgeschäft
- Plastiksschnuller im Geschenkeladen

Kommunion – weißer Festtag im Frühling

Mittagessen (beliebige Personenanzahl)
(Seite 66)

Tischdecke/Servietten
Weißer Damast

Hauptdeko
Girlande aus Damast und grünen Zweigen

Material
- Damasttischtuch
- Blumenröhrchen
- Asparagus, Myrte oder Ruskus
- weiße Stoffblüten oder Kerzenmanschetten aus Tüll oder Taft

1 Drehen Sie ein Tischtuch locker zur Girlande, und legen Sie es in leichten Wellenlinien in die Tischmitte.

2 Die Blumenröhrchen mit Wasser füllen, anschließend das Grün und die echten Blüten hineinstecken.

3 Nach dem Abtropfen den Blumenschmuck entlang der Girlande verteilen. Die Röhrchen dabei in den Falten des Tuches verstecken. Achten Sie darauf, daß die Röhrchen möglichst gerade stehen.

Bezugshinweis
- Blumenröhrchen und Blumen sowie grüne Zweige im Floristenfachgeschäft vorbestellen
- Stoffblüten, Kerzenmanschetten in der Devotionalienhandlung

Der Jubilar – er lebe hoch

Abendessen für 4 Personen
(Seite 68)

Tischdecke
Nessel, mit Jubiläumskränzen im Schablonendruckverfahren dekoriert

Material
- gewaschener, gebügelter und gesäumter Nessel in der Größe Ihrer Tischdecken
- Papier zum Vorzeichnen
- Bleistift, Radiergummi
- Papierschneidemesser
- transparente Polyesterfolie
- Folienschreiber
- transparenter Klebestreifen
- Gewichte (Münzen o. ä.)
- 1 Naturschwamm
- Abtön- oder Acrylfarbe in den von Ihnen gewünschten Farbtönen oder spezielle Stoffmalfarben (nach dem Bügeln waschecht)
- Gummihandschuhe

1 Zeichnen Sie sich einen Kreis mit einem Radius von etwa 45 cm ∅ auf einen Bogen Papier, und übertragen Sie das abgebildete Motiv mit Bleistift in dieser Größe auf die Vorlage.

2 Zeichnen Sie es anschließend mit dem Folienschreiber auf die Polyesterfolie durch. Reicht die Folie in dieser Größe nicht, kleben Sie mehrere Teile mit Klebestreifen zusammen.

3 Schneiden Sie die Blätter, die Stielteile und die Partien der Schleife heraus, die beim nächsten Arbeitsgang Farbe enthalten sollen. Legen Sie die herausgeschnittenen Teile sorgfältig in der Reihenfolge des Herausschneidens zur Seite, Sie benötigen sie später wieder.

4 Legen Sie diese Schablone auf den Nessel an die Stellen, an denen der Lorbeerkranz vorgesehen ist, und beschweren Sie sie an den Rändern, damit die Konturen scharfkantig werden.

5 Mischen Sie sich den gewünschten Farbton auf einem Stück Karton oder ähnlichem an. Benutzen Sie am besten Gummihandschuhe.

6 Tupfen Sie den Schwamm in die Farbe, und drücken Sie anschließend die Farbe durch die Ausschnitte der Schablone auf den Nessel. Bringen Sie alle geplanten Kränze in dieser ersten Farbe auf. Lassen Sie alles trocknen. (Vorsicht beim Hochheben und Versetzen der Folie – die Farbe kann leicht verschmieren.)

7 Um die andersfarbigen Schattierungen aufzutragen, kleben Sie, wo gewünscht, die herausgeschnittenen Teile mit Klebestreifen versetzt über die dazugehörige Öffnung der Schablone. Legen Sie die Folie paßgenau über die in der Grundfarbe getupften Kränze, und tupfen Sie die Farbe wieder mit dem Schwamm auf.

Bezugshinweis
- Polyesterfolie, Folienschreiber im Grafikerbedarfshandel oder im Schreibwarenladen
- Abtön- und Acrylfarben im Farben- oder Bastelgeschäft
- Jubiläumszahl im Schreibwarenhandel

Traumfrühstück im Bett

Frühstück für 1 Person
(Seite 72)

Tisch
Großes, rundes Tablett

Blumenschmuck
- Ranunkeln im Floristenfachgeschäft

Frühstück unter freiem Himmel

Frühstücksbüfett für 12 Personen
(Seite 74)

Tischdecke
Eine Glasplatte (0,5 cm dick) mit abgerundeten Ecken wird auf Böcke gelegt.

Servietten
weiße Damastservietten

Hauptdeko
Aquarium, das nicht nur mit Eiswürfeln, sondern auch mit Zitronen und Limonen gefüllt ist. Weitere Früchte sind auf dem Tisch verteilt.

Blumenschmuck
Der große Strauß wird aus Blumen der Saison zusammengestellt.

Auch mittags ißt das Auge mit

Mittagessen für 4 Personen
(Seite 76)

Tischdecke
Leinendecke in der Hauptfarbe des Porzellandekors

Servietten
Weiße Damastservietten

Blumenschmuck
Kleiner Blumenstrauß, zusammengestellt aus zart rosafarbenen Rosen, Oleanderzweige

Bezugshinweis
- Rosen und Oleanderzweige im Floristenfachgeschäft

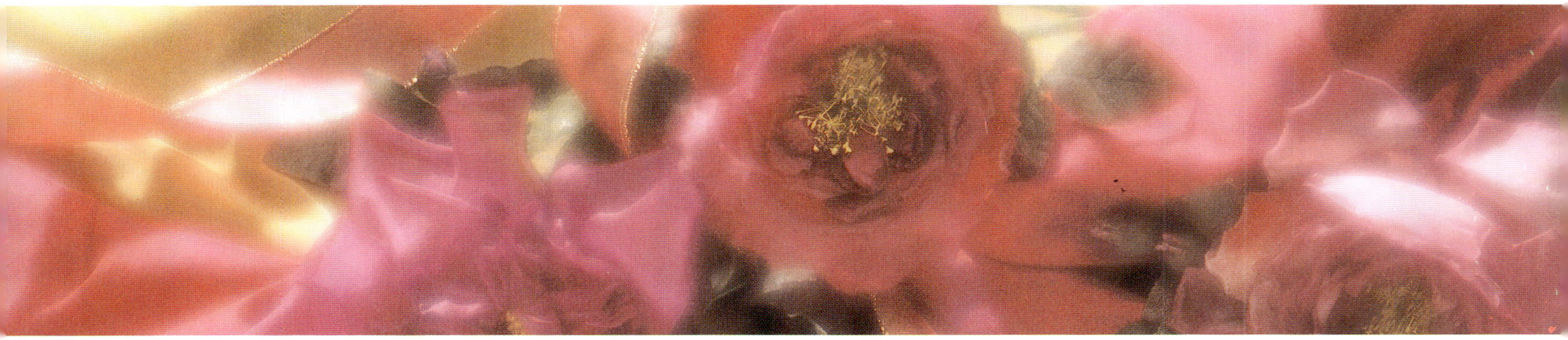

Einladung zum Tee – Five o'clock tea

Teetrinken für 6 Personen
(Seite 78)

Tischdecke
Weiße Piquédecke

Servietten
Weiße Papierservietten mit Spitzenmuster

Blumenschmuck
Blüten eines Hortensienstrauches und Farn in der Farbe des Porzellandekors

Hauptdeko
Im Mittelpunkt des Tisches steht eine Schale mit Scones nach original englischem Rezept.

Willkommen zur „Happy hour" – Cocktailparty

Büfett (beliebige Personenanzahl)
(Seite 80)

Hauptdeko
Ein spezielles Dekoelement gibt es nicht. Die angebotenen Getränke und Speisen sollten ansprechend arrangiert werden.

Candlelight für zwei

Abendessen für 2 Personen
(Seite 82)

Tischdecke
Dunkelblauer Moiré (gesäumt), den man im Schlußverkauf erstanden hat

Servietten
Champagnerfarbene Baumwollservietten

Hauptdeko
Girlande aus Moiré in der Tischmitte. In dieser werden Blumenröhrchen versteckt, aus denen Efeu „rankt" (siehe auch Seite 72/Kommunion). Kerzen in Dunkelblau

Material
- Moiré (2 m x 0,90 m)
- Blumenröhrchen
- Efeuranken

Zusätzlicher Blumenschmuck
Blätter von champagnerfarbenen Rosen

Ein Traum wird wahr – Richtfest

Büfett für 10 bis 20 Personen
(Seite 86)

Tischkonstruktion
Hohlblocksteine, Kisten oder Sägeböcke vom Bau, auf denen Bretter aufgelegt werden.

Tischdecke
Einfacher, naturfarbener Nessel oder ein Bettlaken

Hauptdeko
Ein üppiger Strauß aus Birkenzweigen, geschmückt mit bunten Taft- oder Satinbändern. Als Vase dient ein Eimer oder Sektkühler.

Bezugshinweis
- Birkenzweige im Floristenfachgeschäft oder aus dem Wald
- Bänder (3 m je Farbe) im Geschenkeladen

Einladung zum Portrait

Abendessen für 8 bis 10 Personen
(Seite 88)

Tischdecke/Servietten
Schwarze Damastdecke mit Moirémuster, dazu passende rote Servietten.

Hauptdeko
Zylinder, Zauberstab, Fotos, die mit einer Sofortbildkamera aufgenommen wurden.

Material und Bezugshinweis
- Sofortbildkamera mit Blitz besorgen
- entsprechende Filme im Fotogeschäft
- schwarzer Folienstift im Schreibwarenhandel
- eventuell kleine Halter für die Fotos (Halter für Preisschilder)

Blumenschmuck
Flache Schale, gefüllt mit Blumen in der Farbe der Servietten

Abend im festlichen Rahmen

Abendessen für 6 Personen
(Seite 90)

Tischdecke/Servietten
Weiße Damastdecke und weiße Servietten. Die Servietten sind leicht gerollt, eine Schmuckkordel mit Troddeln hält sie zusammen.

Hauptdeko
Bilderrahmen in verschiedenen Größen. Für jeden Rahmen wurde ein Bild in der passenden Größe zugeschnitten.

Bezugshinweis
- Bilderrahmen im Antiquitätengeschäft, Möbel- oder Kaufhaus oder auf dem Flohmarkt
- Bilder von Kalenderblättern, alte Fotos, Werbeprospekte, Plakate o.ä.

Schlaraffenland – aus dem Korb gezaubert

Umzugspicknick für 4 bis 6 Personen
(Seite 92)

Tischdecke
Antike Leinentischdecke oder weiße Baumwolldecke, die in leichten Falten auf den Boden gelegt wird (darunter ein Moltontuch legen).

Servietten
Farblich zum Porzellan passende einfache Stoffservietten

Hauptdeko
Im Mittelpunkt stehen die Picknickkörbe. Aus diesen werden u.a. „gezaubert": Kerzenleuchter, Sektkühler und ein Blumenstrauß in leuchtenden Farben.

Gartenfest in der Wohnung

Abendessen für 6 Personen
(Seite 94)

Tischdecke
Jutestoffbahnen (möglichst mit fester Webkante) oder aufgetrennte neue Jutekartoffelsäcke

Servietten
Einfache gelbe Leinenservietten

Hauptdeko
Torftöpfchen, in denen Salzstangen, Cocktailtomaten u.ä. angeboten werden.

Weitere Dekoelemente
Kleine Zweige oder Blätter als Platzteller. Der Spankorb, gefüllt mit Früchten, und die kleinen Petroleumlampen, gibt dem Tisch den letzten Schliff.

Blumendeko
Minirosentöpfe, an denen kleine Namensschildchen als Tischkarten hängen.

Bezugshinweis
- Jute im Stoffgeschäft
- Torftöpfchen im Gartencenter
- Minirosentöpfe im Floristenfachgeschäft vorbestellen
- Spankorb im Gartencenter oder eventuell auf dem Markt
- Zweige und Blätter aus dem Garten oder aus dem Wald

Nachmittag der offenen Tür

Büfett anstelle des Kaffeetisches
(Seite 96)

Tischdecke
Rotes, nicht zu dickes Geschenkpapier

Servietten
Rote, mittelgroße Stoffservietten

Hauptdeko
Großer, rustikaler Strauß mit Blumen und/oder Zweigen der Saison. Im Spätsommer eignen sich Zweige, an denen noch kleine Früchte hängen.

Magie des Lichts – Lichtertisch

Abendessen für 6 Personen
(Seite 98)

Tischkonstruktion
Glastisch

Servietten
Weiße Damastservietten hier zum Quadrat gefaltet

Hauptdeko
Kerzen in Moosnestern. Es kann auch eine elektrische Lichterkette auf den Tisch gelegt werden.

Das Anfertigen von 5 Moosnestern dauert etwa eineinhalb Stunden

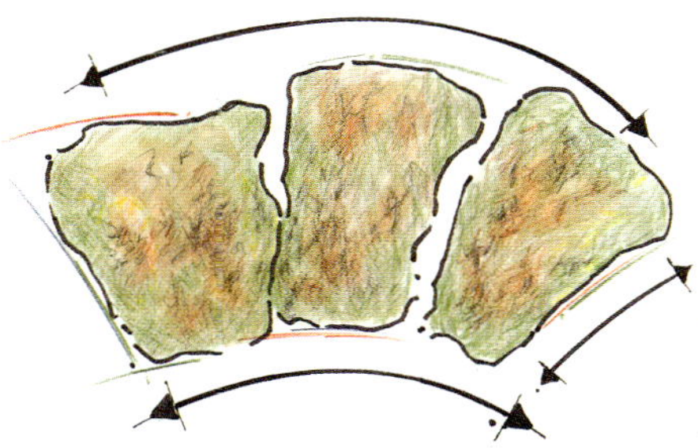

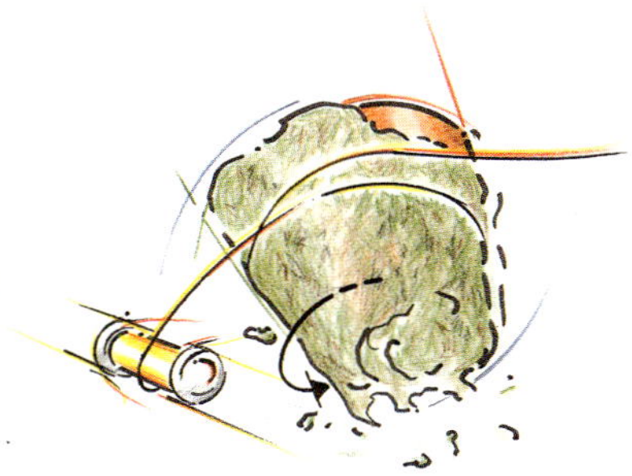

Material
- Blumentöpfe (10 cm hoch, oberer ⌀ 11 cm)
- Lappenmoos (ausreichend)
- Messingdraht
- Allzweckschere

1 Zunächst das Lappenmoos ausbreiten. Für einen Topf die Moosfläche etwa entsprechend den Maßangaben auf der Zeichnung zusammenlegen. Achtung: die (schöne) Moosoberfläche zeigt nach unten.

2 Legen Sie den Topf auf das Moos, und schlagen Sie ihn darin ein. Den Draht zwei bis dreimal um den Topf wickeln, so daß die Lappen fest fixiert sind.

3 Das überstehende Moos am Topfboden abschneiden, sonst steht der Topf nicht fest.

4 Drehen Sie den Topf um, und schlagen Sie die über den Rand stehenden Moosflächen nach innen.

5 Bevor Sie die Kerze in das Nest stellen, feuchten Sie das Moos leicht an.

Weitere Dekoelemente
Locker über den Tisch verteiltes Metallgewebe und Spiegelsterne. Wer mag, kann die Glasplatte noch von unten mit einer Minilichterkette beleuchten. Die kleinen Birnchen mit transparentem Klebeband unter der Platte befestigen.

Das Verlängerungskabel nicht vergessen!

Bezugshinweis
- Blumentöpfe im Gartenfachhandel
- Lappenmoos im Floristenfachgeschäft vorbestellen
- Messingdraht, Metallgewebe im Eisenwarenladen, eventuell auch im Bastelgeschäft
- Spiegelsterne im Dekoladen
- Klebeband, Minilichterkette, Kerzen im Warenhaus

Laßt Tulpen sprechen!

Abendessen für 6 Personen
(Seite 100)

Tischkonstruktion
Eine oder zwei Schichtstoffplatten (nach Belieben zugeschnitten) auf Böcke oder auf einen kleinen Tisch gelegt

Tischdecke
In diesem Fall eine „grüne Wiese"

Material
- Schichtstoffplatte
- Tapetenkleister
- Durchschlagpapier
- Dekospray in Grün

1 Schneiden Sie die Schichtstoffplatte mit einem starken Cutter nach Belieben zu. Wenn Sie zwei Platten aneinander setzen müssen, so kleben Sie über die Naht (Unterseite) festes Paketklebeband.

2 Die Platte mit Tapetenkleister bestreichen. Das Durchschlagpapier leicht knittern (nicht zu sehr knüllen) und auf der klebenden Fläche verteilen.

3 Lassen Sie die Platte über Nacht gut trocknen. Erst dann die Farbe aufsprühen.

Hauptdeko
Tulpen auf Blumendraht

Material
- dünne Pappe und rote Acrylfarbe oder Tonkarton in Rot
- Bleistift, Schere
- Blumendraht (je Blume etwa 20 cm)
- Klebstoff
- Pinsel

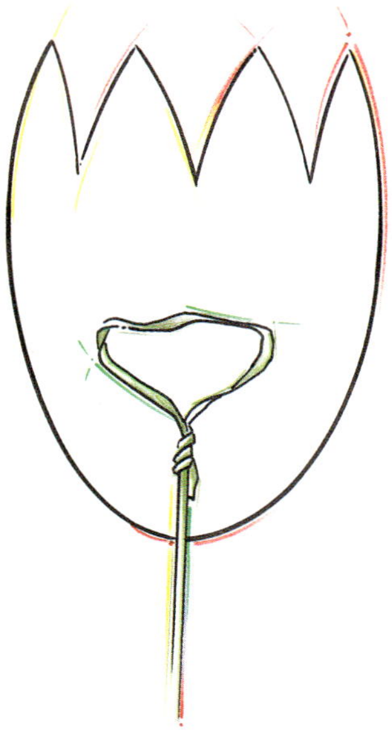

1 Übertragen Sie die Vorlage in gewünschter Größe und in doppelter Anzahl auf die Pappe (Tonkarton).

2 Schneiden Sie die Tulpen aus. Für jede Blume jeweils auf einer Tulpe den Draht mit Klebeband aufkleben (siehe Zeichnung). Anschließend eine zweite Blüte darüberkleben. Nun noch die weiße Pappe anmalen.

3 Die Blumen in die Tischplatte stecken. Es geht leichter, wenn Sie zuvor mit einer Nadel ein kleines Loch vorgestochen haben.

Bezugshinweis

- Schichtstoffplatte im Grafikerbedarfsgeschäft
- Blumendraht, Pappe oder Tonkarton im Bastelgeschäft

Die Tür steht offen am Jour fixe

Teestunde
(Seite 102)

Tischdecke
Blauer Polstermöbelstoff vom Resteverkauf

Servietten
Farblich zur Tischdecke passende Papierservietten

Hauptdeko
Mit kleinen Accessoires und Blumen der Saison (farblich passend zur Tischdecke, hier Enzian und Disteln) wird das Büfett liebevoll dekoriert.

Bezugshinweis

- Enzian, Disteln im Floristenfachgeschäft

Spiel mit Mustern

Teestunde
(Seite 104)

Tischdecke
Gesäumter und bemalter Nessel

Material

- Nessel in der Größe Ihrer Tischdecken
- Acrylfarbe in der Farbe des Porzellandekors (Grundfarbe des Musters)
- kleine Schaumstoffrolle mit Abrollwanne zum Auftragen der Grundfarbe
- Gummihandschuhe
- Plastikfolie zum Abdecken der Unterlage

Zum Bemalen der Decke benötigen Sie ca. 2 bis 3 Stunden (ohne die Pausen zum Trocknen der Farben).

1 Den Nessel waschen, bügeln und säumen.

2 Grundieren Sie den Stoff möglichst gleichmäßig mit der Schaumstoffrolle in der Grundfarbe des Dekors. Bevor Sie weiterarbeiten, muß der Stoff gut durchtrocknen.

3 Übertragen Sie dann das Muster mit einem Bleistift in der gewünschten Größe auf die Decke.

4 Anschließend die einzelnen Elemente in der entsprechenden Farbe ausmalen.

Servietten
Papierservietten, möglichst mit dem Muster des Porzellandekors (hier Gepardenmuster)

Blumenschmuck
Kleines Gesteck aus Zweigen und Orchideen

Bezugshinweis

- Nessel im Stoffgeschäft oder im Kaufhaus
- Acrylfarbe, Pinsel, Schaumstoffrolle und Wanne im Farbengeschäft
- Blumenschmuck im Floristenfachgeschäft

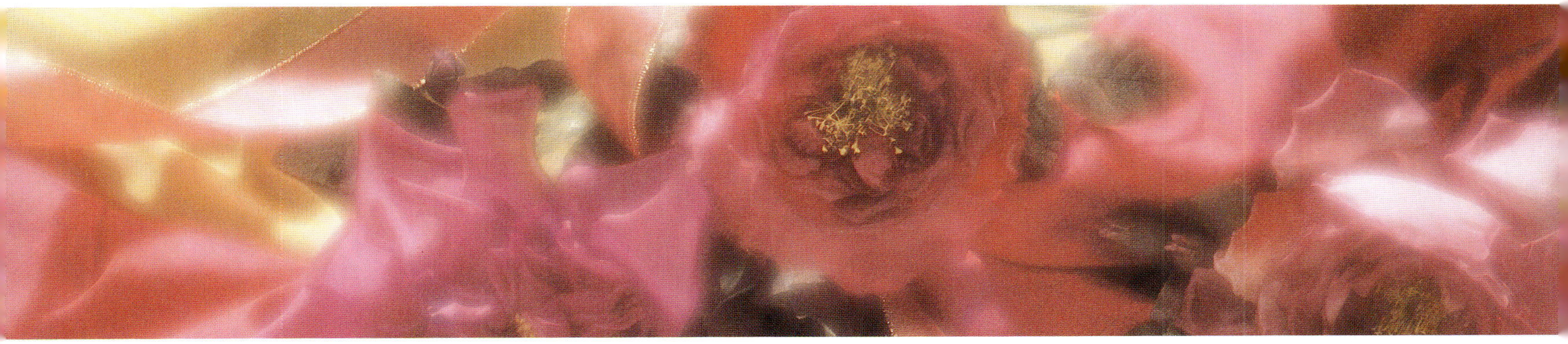

Nehmen Sie ein Blatt vor den Mund

Abendessen für 6 Personen
(Seite 106)

Tischdecke
Kunststoffschilfmatte (hier schwarz eingefärbt)

Servietten
Fingerschalen mit Rosenblättern, dazu Papierservietten

Hauptdeko
Je Person ein kleines Blatt einer Bananenpflanze und ein Paar Stäbchen

Blumenschmuck
Halbe Kokosnußschalen, gefüllt mit Hibiskusblüten in leuchtenden Farben

Bezugshinweis
- Bananenblätter von einer Bananenstaude im Gartencenter
- Hibiskusblüten im Floristenfachgeschäft vorbestellen
- Stäbchen, Porzellanfiguren in Chinaläden

Sei kein Frosch

Nachmittagskaffee auch für Herren (Büfett)
(Seite 108)

Tischkonstruktion
Eine auf zwei Böcke gelegte Stein- oder Marmorplatte

Tischdecke
Da die Oberfläche der Steinplatte wirken soll, wurde auf eine Tischdecke verzichtet.

Servietten
Weiße Papierservietten (Zellstoff)

Hauptdeko
Dem Motto entsprechend steht im Mittelpunkt der Dekoration natürlich eine Froschfigur aus Holz, zwei kleine (Holz-)Frösche haben sich auf dem Blatt niedergelassen.

Weitere Dekoelemente
Aquarium mit Selleriebowle

Bezugshinweis
- Froschfigur und kleine Frösche im Gartencenter oder Geschenkartikelladen
- Blatt aus dem Gartenteich oder im Floristenfachgeschäft erhältlich

Tafelfreuden im barocken Stil

Abendessen für 8 Personen
(Seite 110)

Tischkonstruktion
Glastisch oder eine geschliffene Glasplatte auf Böcke legen.

Servietten
Weiße Damastservietten, schlicht zusammengefaltet

Hauptdeko und Blumenschmuck
Kleine weiße Kieselsteine als Wege, dazwischen kleine Kräutertöpfe. Sollten die Töpfe der Kräuterpflanzen nicht schön aussehen, topfen Sie die Pflanze um, oder verdecken Sie den Topf mit Lappenmoos.

Bezugshinweis
- weißer Kies in Baustoffhandlungen, im Gartencenter oder in Friedhofsgärtnereien
- Kräuterpflanzen im Gartencenter
- Lappenmoos im Floristenfachgeschäft

Die Insel läßt grüßen

Abendessen für 6 bis 8 Personen
(Seite 112)

Tischdecke und Hauptdeko
Weiße Papiertischdecke, auf die die Konturen des Urlaubslandes aufgemalt sind

Planen Sie für die Herstellung dieser Tischdecke etwa dreieinhalb Stunden ein.

Material
- Papiertischdecke (zweimal die Länge des Tisches), möglichst mit Karomuster
- Wasserfarben und Pinsel oder dicke Filzstifte
- Bleistift zum Vorzeichnen
- Atlas oder Landkarte als Vorlage

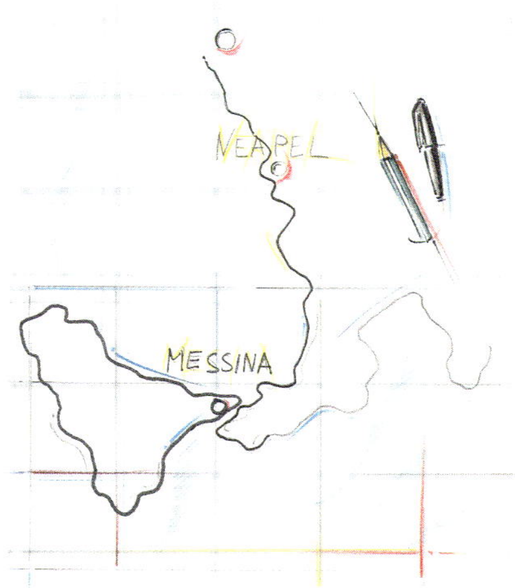

1 Suchen Sie sich im Altas die entsprechende Vorlage Ihres Urlaubslandes, und kopieren Sie sie.

2 Die Vorlage läßt sich leicht mit Hilfe der Rastermethode auf die Papierdecke übertragen. Zunächst die Kopie mit einem Raster (1 cm Kästchengröße) überziehen.

3 Nun jedes Kästchen, bzw. die Innenstruktur der Kästchen auf die Karos in der Tischdecke übertragen.

4 Die Vorzeichnung noch kolorieren.

Weitere Dekoelemente
Postkarten oder Fotos des entsprechenden Urlaubslandes.

Bezugshinweis
- Urlaubskarten im Urlaub sammeln
- Papiertischdecke im Warenhaus
- diverse Farben, die man zu Hause hat, eventuell im Schreibwarenhandel noch ergänzen

Ein Fest wie ein Gedicht

Abendessen für 6 bis 8 Personen
(Seite 114)

Tischdecke und Hauptdeko
Aus Büchern oder aus Zeitschriften kopierte (eventuell vergrößerte) Gedichte, Verse, Reime etc. passend zum Festmotto.

Servietten
Weiße Leinen- oder Damastservietten

Bezugshinweis
- Zitate finden Sie in diversen Büchern, am besten stöbern Sie in aller Ruhe in einer Bücherei.

Altes Design und neuer Glanz

Abendessen für 6 Personen
(Seite 116)

Tischkonstruktion
Glastisch

Servietten
Weiße Damastservietten, locker gefaltet

Hauptdeko
Im Mittelpunkt des Tisches steht die antike, verschnörkelte Schale (hier gefüllt mit Obst der Saison). Dazu stehen im Kontrast das Porzellan in modernem Design, das schlichte Glas ebenso wie das Besteck. Weitere Dekoelemente sind daher nicht erforderlich.

Rock around the clock

Party (Personenanzahl je nach Räumlichkeit)
(Seite 118)

Tischdecke
Anstelle einer Tischdecke liegen hier Plakate der Superstars der sechziger Jahre aus.

Hauptdeko
Diverse Dinge, wie Schallplatten oder Aschenbecher, farbige Kunststoffgläser aus den sechziger Jahren, bunt gemischt auf dem Tisch angeordnet sowie ein batteriebetriebener Plattenspieler

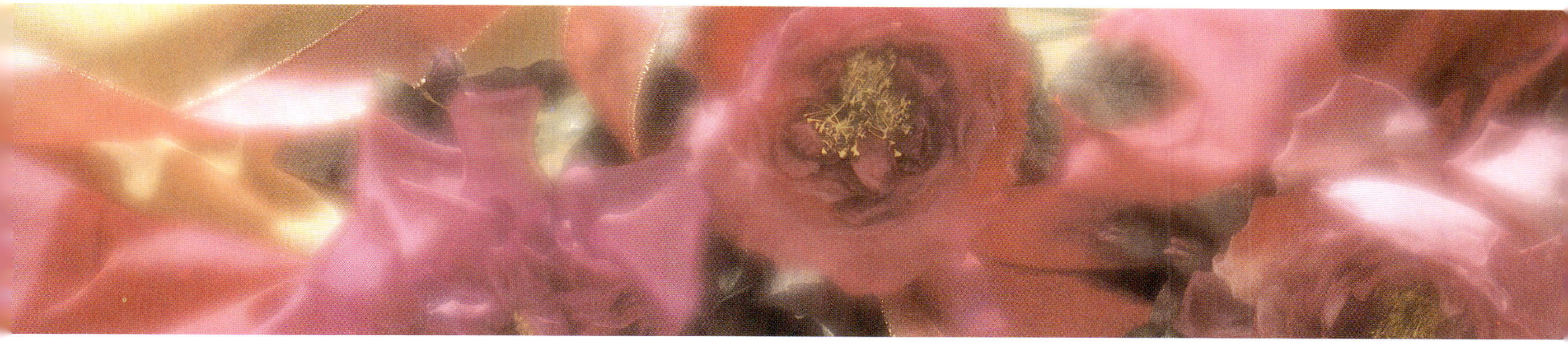

A star is born

Abendessen für 4 bis 6 junge Leute (Seite 120)

Tischdecke
Futtertaft (oder Satin) in zarten Farbtönen. Da der Stoff in Falten gelegt wird, sollte er ca 1 m länger sein als Ihre (normalen) Tischdecken.

Hauptdeko
Fernsehgerät, das verschiedene Clips des angebeteten Stars zeigt

Weitere Dekoelemente
Spitzen- und Seidenbänder in den zarten Farben der Liebe. Je Gast eine rote Rose.

Bezugshinweis
- Videorekorder, eventuell ausleihen
- Videoclips ausleihen
- Futterstoff im Stoffgeschäft
- Spitzenbänder im Warenhaus (Geschenkeabteilung), Geschäft für Wohnaccessoires
- Rosen im Floristenfachgeschäft

Gruselgeburtstag

Kindergeburtstag für 6 bis 10 Personen (Seite 122)

Tischdecke
Schwarzer Rupfen in der Größe Ihrer Tischdecken

Hauptdeko
Spinnennetz mit kleinen Plastikspinnen

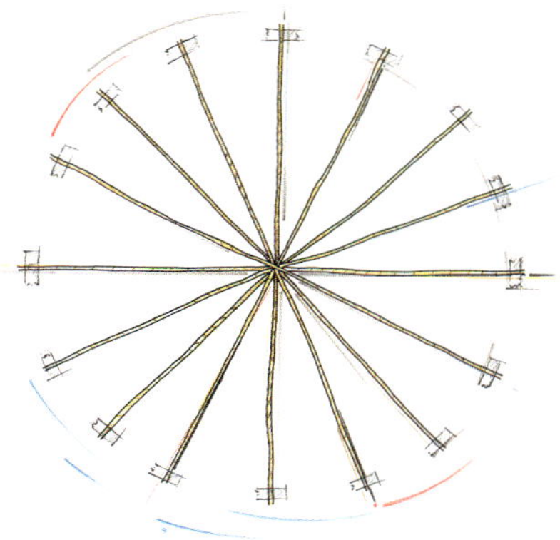

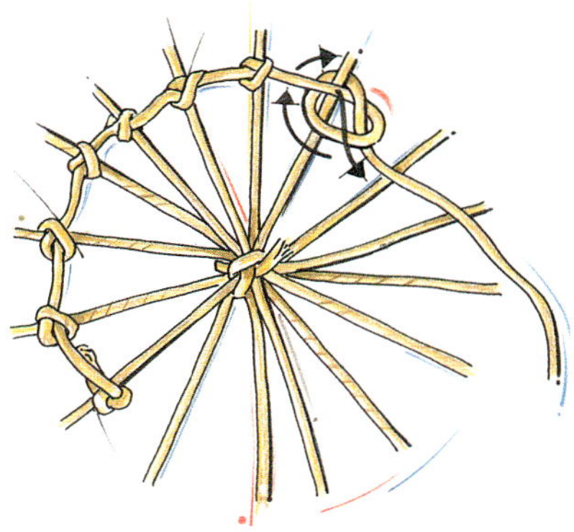

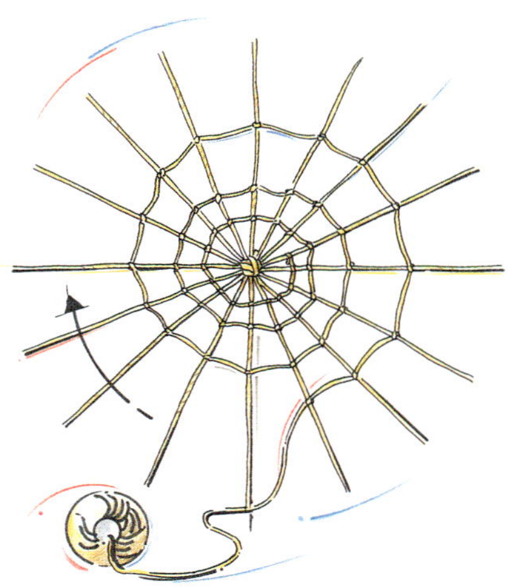

Material
- 40 m mittelstarke Paketschnur
- Schere
- je Kind eine Plastikspinne
- Klebeband

1 Legen Sie 8 Fäden so über den Tisch, daß sie sich in einem Punkt kreuzen und kleben Sie die Enden am Boden fest.

2 Knoten Sie mit dem Anfang des verbleibenden Schnurpakets die Fäden im Mittelpunkt fest zusammen.

3 Vom Mittelpunkt ausgehend, knoten Sie die Schnur jeweils an jeden Faden, so daß ein Spinnennetz entsteht.

Bezugshinweis
- Rupfen im Stoff- und Dekogeschäft
- Paketschnur im Schreibwarenhandel
- Spinnen im Dekoladen oder im Warenhaus (Spielwarenabteilung), Geschenkeläden

Zusatzhinweis
Sollten Sie keine grünen Spinnen bekommen, so können Sie notfalls auch schwarze dünn mit Acrylfarbe einfärben. Oder Sie verwenden schwarze Spinnen und ändern die Farbe des Tischtuches und des Spinnennetzes.

Alle Tiere sind schon da

Kindergeburtstag für ca. 6 Personen
(Seite 124)

Tischdecke
Grüner Futtertaft in der Größe Ihrer Tischdecken, darüber in gleicher Größe Luftkissenfolie und grüner oder gelber Tüll (ca. 3 m x 1,40 m)

Hauptdeko
Tiere aus dem Zoo, mit Wasserfarben oder Filzstiften auf Pappe aufgemalt. Die ausgeschnittenen Tiere stehen, wenn sie auf der Rückseite eine kleine Stütze erhalten (angeklebtes Holzstäbchen oder einen kleinen Pappstreifen).

Weiter Dekoelemente
An jeden Tassenhenkel wird eine Tüllschleife (jedes Kind bekommt seine eigene Farbe) gebunden.

Bezugshinweis
- Futterstoff und Tüll im Stoffgeschäft oder im Warenhaus (Stoffabteilung)
- Luftkissenfolie (siehe Gelbe Seiten unter Verpackungsmittel)
- Pappe im Schreibwarenhandel

Barocke Zeiten

Abendessen für 6 Personen
(Seite 126)

Tischdecke und Servietten
Weißer, im barocken Stil gemusteter Damast

Hauptdeko
Ein Kerzenleuchter aus Glas mit herabhängenden Ornamenten steht im Mittelpunkt dieser Dekoration. Auf dem Tisch wurden zahlreiche geschliffene Glaskugeln und große Schmuckperlen verteilt. In der Tischmitte windet sich ein goldgerändertes Satinband.

Bezugshinweis
- Perlen, Glaskugeln im Perlenladen oder auf dem Flohmarkt
- Kerzenleuchter eventuell ausleihen
- Schmuckband im Geschenkartikelladen

Malerische Szenen

Essen für 6 Personen
(Seite 128)

Vorlage für diesen Tisch war das Bild „Das Schinkenessen" von Nicolas Lancret. Übernehmen Sie diese Idee eines edel gedeckten Tisches aus der Zeit des 18. Jahrhunderts. Es versteht sich, daß die verwendeten Materialien (Tischdecke, Servietten, Porzellan etc.) dem Standard der heutigen Zeit entsprechen.

Verschwenderische Fülle – kulinarisches Stilleben

Büfett
(Seite 130)

Tischkonstruktion
Anrichte oder Tischplatte auf Böcken

Vorlage für diesen Tisch war das Bild „Stilleben" von Jan Davidsz de Heem. Sie können aber auch jedes beliebige Stilleben, ob klassisch oder modern, verwenden. Hauptsache, es macht Ihnen Spaß und Sie haben die entsprechenden Requisiten, das Gemälde nachzustellen.

Neues Kleid für Tisch und Stühle

Abendessen für 6 Personen
(Seite 132)

Tischdecke und Servietten
Naturfarbener Nessel

Hauptdeko
Im Mittelpunkt dieser Dekoration stehen die Stühle, die mit locker in Falten fallendem Nessel verkleidet wurden.

Material
- Die Menge des benötigten Stoffes hängt von der Größe der Stühle ab. Je mehr Stoff Sie einkalkulieren, desto leichter läßt er sich um jeden Stuhl drapieren.
- Satinband (ca. 4 cm breit), je Stuhl benötigt man etwa 1,70 m.

1 Zunächst den Stuhl mit Nessel umhüllen. Damit der Stoff nicht verrutscht, befestigen Sie ihn möglichst unsichtbar entweder mit Sicherheitsnadeln oder Sie nähen an den Eckpunkten die Falten mit einigen Stichen zusammen.

2 Die Schmuckschleife auf der Rückseite der Lehne befestigen.

Weitere Dekoelemente
Ein Schmuckbukett aus Brombeerranken, Rosenkugeln und Satinbändern ziert die Tischmitte.

Bezugshinweis
- Nessel im Stoffgeschäft, Warenhaus
- Brombeerranken entweder aus dem eigenen Garten oder im Floristenfachgeschäft bestellen
- Rosenkugeln im Gartencenter
- Satinband im Warenhaus (Schreibwarenabteilung)

Die persönliche Note ist Trumpf

Abendessen für 6 Personen
(Seite 134)

Tischdecke
Schwarze Damastdecke mit Moirémuster

Servietten
Ebenfalls Damast mit gleichem Grundmuster, jedoch in zartem Goldton (passend zu den Blüten)

Hauptdeko
Hauptaugenmerk bildet die flache Schale mit den großen Blüten. Über den ganzen Tisch werden großzügig Blütenblätter (von Blumen der Saison) verteilt.

Wenn das Menü einen Roman erzählt

Abendessen für 6 Personen
(Seite 136)

Tischdecke
Gemusterte, altrosafarbene Baumwolltischdecke

Servietten
Unifarbene Stoffservietten, farblich passend zur Tischdecke

Hauptdeko
Die Elemente der Dekoration sind angelehnt an ein Zitat aus: „Die kulinarischen Abenteuer des Fra Bartolo" von Leonhard Reinirkens.
In diesem Fall Knoblauchknollen und kleine Gewürzstäuße. Kerzen sorgen für eine angenehme Stimmung.

Weitere Dekoelemente
Platzteller aus Terrakotta

Bezugshinweis
- Knoblauchknolle im Lebensmittelgeschäft, Gemüseladen
- Kräutersträuße in der Gärtnerei: Kräutertöpfe kaufen, einige Zweige abschneiden und bündeln

Ein Hauch von Exotik

Abendessen für 6 Personen
(Seite 138)

Tisch
Ein Tisch aus Zuckerrohrgeflecht. Damit sich die Schalen und das Obst farblich gut abheben, wurde darauf zusätzlich ein Stück Vorhangseide locker in Falten gelegt.

Servietten
Dünne Baumwollservietten in Pastellfarben

Hauptdeko
Schalen und Schüsseln aus natürlichen Materialien, in denen exotisches Obst angeboten wird. Dazu einige afrikanische Skulpturen

Bezugshinweis
- Kugeln im Floristenfachgeschäft
- Vorhangseide im Gardinengeschäft
- Bastschüsseln etc. im Dritte Welt Laden oder Geschenkartikelladen

Hersteller und Bezugsquellen

Apart Heimtextilien Stoll GmbH + Co
zu beziehen über Textilfachhandel

Antiquitäten Strohmeier
Wallstr. 33
61348 Bad Homburg
Tel. 0 61 72 - 2 33 13

Bell' Arte
Hessigheimer Str. 12
74354 Besigheim
zu beziehen über Einrichtungshäuser, Blumenfachhandel, Gartencenter

Berliner Blumenfabrikation
Gerald Steyer
Postfach 31 13 12
10643 Berlin
Tel. 0 30 - 8 53 56 74

Blumen Hoffmann
Wochenmärkte Bad Homburg, Oberursel, Friedrichsdorf
Tel. 0 60 32 - 8 42 65

BSF
Postfach 44 83 20
28283 Bremen
zu beziehen über Kaufhäuser und Besteckfachhandel

Cane Classics
Klenzestr. 33
Am Gärtnerplatz
80469 München

Die Blumenbinderei
Susanne Fritzel
Thomasstr. 6 – 8
61348 Bad Homburg
Tel. 0 61 72 - 2 98 80

Drescher Christbaumschmuck – Kunstgewerbe
Heidenfelder Str. 1
97525 Schwebheim
zu beziehen über Einzel-/Fachhandel für Kunsthandwerk und Wohnaccessoires

Eschenbach Porzellan Winterling – Feinkeramik
74629 Windischeschenbach
zu beziehen über Kaufhäuser und Porzellanfachhandel

Fieldcrest Cannon
Design: Dorothy Hafner
zu beziehen über ARNO – Arbeits- und Einkaufsgemeinschaft In- und Ausländischer Textilfachgeschäfte GmbH
Alt-Eschersheim 34
60433 Frankfurt/Main
Tel. 0 69 - 51 80 07

Girlande
Kartäuserstr. 16
55116 Mainz-Altstadt
Tel. 0 61 31 - 22 13 06

Helge Haymann
Auf der Heide 2
57629 Norken
zu beziehen über Geschenkboutiquen, Kaufhäuser

IHR Ideal Home Range
Bartmannsholte
Postfach 12 26
49628 Essen/Oldenburg
zu beziehen über Papeterien

ITABA
Gabriele Reitz
Schäfergasse 20
60313 Frankfurt/Main
Tel. 0 69 - 28 19 50

Krömer-Zolnir Decoration + Design
37520 Nienstädt
zu beziehen über Kaufhäuser, Deko-, Geschenkartikelfachhandel

Mono-Metallwarenfabrik Seibel GmbH
Postfach 10 06 26
40822 Mettmann
zu beziehen über Besteckfachhandel, Geschenkartikel-, Küchengeschäfte

Nordtek GmbH + Co KG
Wintergasse 60
69469 Weinheim-Lützelsachsen
zu beziehen über Glas-, Porzellan-, Keramikfachhandel

Optima Picknick-Körbe (England)
zu beziehen über VONHOF Import, Alter Wandrahm 4,
20457 Hamburg

Perplex Design
Peter Gerigk
Autogenstr. 6
65933 Frankfurt/Main

Pockrand
Fotoleinen (Labor)
Postfach 10 43 69
69215 Dossenheim
Tel. 0 62 21 - 8 50 91

Schödel-Müller & Nowka
Werner Nowka
Heuwaagstr. 16
91054 Erlangen
Tel. 0 91 31 - 2 26 74

Schott-Zwiesel-Glaswerk AG
Postfach 14 61
94227 Zwiesel
zu beziehen über Kaufhäuser, Glasfachhandel

SIA Deutschland
Gottbillstr. 34 d
59294 Trier-Zewen
zu beziehen über Innendeko-, Blumenfach-, Möbelgeschäfte

Wilkens
Postfach 44 83 20
28283 Bremen
zu beziehen über Kaufhäuser, Besteckfachhandel

K.-H. Willich
Bergfried 15
21720 Guderhandviertel
zu beziehen über Innendeko-, Blumenfach- und Möbelgeschäfte

Aschenbecher, Seite 120/121: Perplex Design
Bänder, Seite : 24/25, Girlande, Seite 122/123: Drescher
Besteck, Seite 22/23, 68/69, 76/77, 126/127: Mono-Metallwarenfabrik Seibel; alle übrigen Bestecke: BSF und Wilkens
Bettwäsche, Seite 72/73: Fieldcrest Cannon
Bilderrahmen, Seite 90/91: Antiquitäten Strohmeier
Blumenstrauß, Seite 92/93: Die Blumenbinderei
Eimer, Seite 86/87, 96/97: Helge Haymann
Fotoleinenabzüge, Seite 32/33, 40/41, 43, 56/57, 62/63, 64, 138/139: Pockrand
Gläser, Schott-Zwiesel-Glaswerk AG
Herzschachtel, Seite 28/29: Krömer-Zolnir
Japanische Accessoires, Seite 42/43: ITABA
Keramik, Seite 104/105: Schödel-Müller & Nowka
Kerzenleuchter, Seite 132/133: SIA
Kunststoffgläser, Seite 120/121: Nordtek GmbH
Nikolaus, Seite 50/51: Helge Haymann
Picknickkorb, Seite 92/93: Optima
Porzellan: Eschenbach
Posamenten, Seite 18/19: Helge Haymann; Seite 60/61: K.-H. Willich
Rosen, Seite 32/33: Blumen Hoffmann
Rosenkugeln, Seite 36/37: Helge Haymann
Seidenblumen, Seite 18/19: Berliner Blumenfabrikation
Sektkühler, Seite 130/131: SIA
Servietten, Seite 22/23, 106/107: IHR
Serviettenringe, Seite 90/91: IHR; Seite 60/61: K.-H. Willich
Silberschale, Seite 118/119: Antiquitäten Strohmeier
Spiegel, Seite 26/27: Helge Haymann
Sterne, Seite 98–101: SIA
Stühle, Seite 62/63: Helge Haymann
Terracottatopf, Seite 74/75: Die Blumenbinderei
Tischdecken und Servietten: Apart

Register

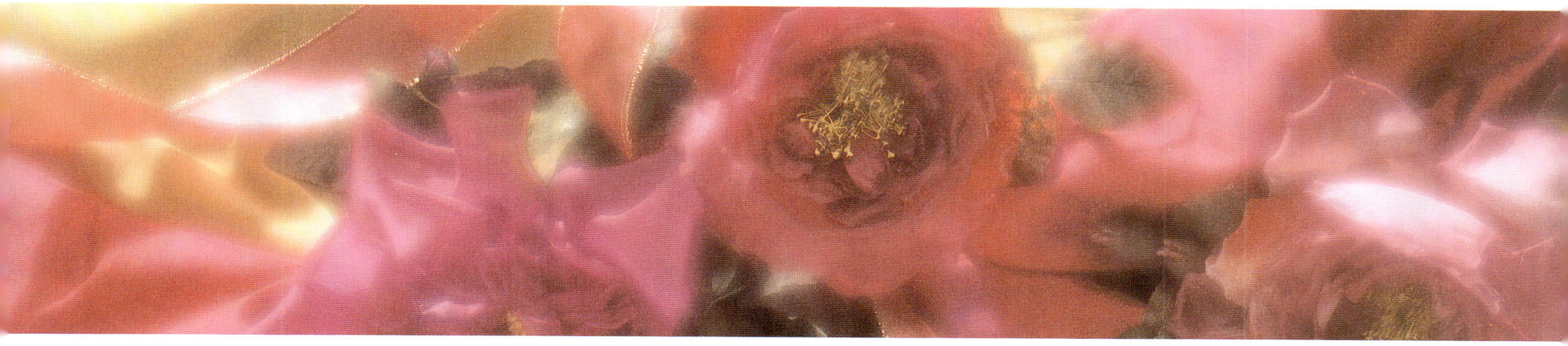

Bassermann

ISBN 3 8094 1219 8

Fotos: Lauros-Giraudon, Paris (S. 128), Archiv für Kunst und Geschichte, Berlin (S. 131)
Foto-Produktion (Bildidee, Durchführung, Styling): Angela Francesca Endress, Usingen-Eschbach
Foto-Assistenz: Julia Drews, Frankfurt am Main
Zeichnungen; Christine Fellner, Lahnstein
Bühnenbildner: Sabine Dreker, Frankfurt am Main
Fotomalereien: Angelika Francisca Endress, Usingen-Eschbach
Gestaltungskonzeption: Christa-Johanna Gramm
Textgestaltung: Monika Stiegler, München (S. 16-139)
Redaktion: Birgit Schlegel, Elke Thoms
Redaktion für diese Ausgabe: Stefanie Rödiger
Herstellung: Monika Decker, Margrit Stüber
Herstellung für diese Ausgabe: Rose Dötsch

Druck: Milanostampa, Mailand
Printed in Italy

106990198X817 2635 4453 6271

04 03 02

Sollten Sie in Ihren Kochbüchern nicht die entsprechenden Rezepte für die im Buch erwähnten Speisen und Getränke finden, können Sie sich gerne an folgende Adresse wenden; dort erhalten Sie gegen eine Gebühr eine kleine Zusammenstellung ausgewählter Rezepte:

Angela Francisca Endress
Plankstraße 5

61250 Usingen-Eschbach